삼국지톡

삼국지톡 9

© 무적핑크, 이리/YLAB

초판인쇄	2024년 12월 20일
초판발행	2024년 12월 27일
글	무적핑크
그림	이리
기획·제작	YLAB
책임편집	이보은
편집	김지애 김지아 김해인 조시은
디자인	이현정 이혜정
저작권	박지영 형소진 최은진 오서영
마케팅	정민호 서지화 한민아 이민경 왕지경 정유진 정경주 김수인 김혜원 김예진
브랜딩	함유지 함근아 박민재 김희숙 이송이 김하연 박다솔 조다현 배진성
제작	강신은 김동욱 이순호
펴낸곳	㈜문학동네
펴낸이	김소영
출판등록	1993년 10월 22일 제2003-000045호
주소	10881 경기도 파주시 회동길 210
전자우편	comics@munhak.com
대표전화	031-955-8888	팩스 031-955-8855
문의전화	031-955-3576(마케팅) 031-955-2677(편집)
인스타그램	@mundongcomics
카페	cafe.naver.com/mundongcomics
트위터	@mundongcomics
페이스북	facebook.com/mundongcomics
북클럽문학동네	bookclubmunhak.com
ISBN	979-11-416-0149-2 04910
	978-89-546-7111-8 (세트)

www.munhak.com

유비(字 현덕)

어린 황제의 아주 먼 친척으로 황궁에 입성했다.
조조의 은밀한 명령을 받고 여포의 근거지에 머물고 있다.

조조(字 맹덕)

어린 황제를 등에 업고 황궁의 많은 권력을 거머쥐었다.
세력을 확장하면서 오랜 벗 원소와 부딪힌다.

원소(字 본초)

프린스 원소의 이미지를 가지고 있으며 언론플레이에 능하다.
조조에게 너그러운 듯하지만 심중은 알 수 없다.

여포(字 봉선)

유비를 내쫓고 서주성을 차지했으나,
조조에게 영토를 빼앗길 위기에 처한다.

진궁(字 공대)

前조조, 現여포 책사. 여포를 지키려고 하지만 좀처럼
뜻대로 움직이지 않는 여포 때문에 고민한다.

차례

이 수춘은
천혜의 요새이니라.
식량도 넉넉하지!

짐의 황궁은
난공불락이다!

조조놈은
파멸할 것이야!

아아악!
쓸모없는 놈들…
썩 꺼져라!!!

씨익,
이놈이고 저놈이고
꼴 보기 싫다!

멍청한 것들!
아무것도 몰라…

앞으로 조금만! 쫌만
더 밀어붙이면 되건만!!

안면장부	방금 전
조조군 대나무숲에 새글이 등록되었소!	
ㅁㅊ배고파…	

안면장부	방금 전
조조군 대나무숲에 새글이 등록되었소!	
아니 밥은 줘알꺼냐…	

顔 안면장부

조조군 대나무숲

👤 **익명**
모바일

ㅁㅊ배고파…
아니 밥은 줘알꺼냐 싸움시킬라면
이러다 화살맞아 죽기전에 굶어죽겠음

👍 155   👎 1   💬 27

👤 **익명**
ㅁㅈ 왜밥이 모자란건데??
조조ㄴ 그양반 왤케능력없음??????

엉어유ㅠㅠ
어르신 어쩌죠

진짜 쌀이 한톨도!!!
안남앗쓰습니다요ㅠ

조조군
군량담당자
회계팀 실장
왕후

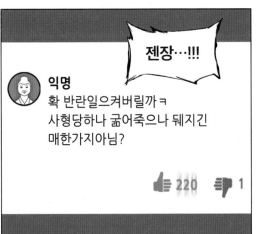

젠장…!!!

익명
확 반란일으켜버릴까ㅋ
사형당하나 굶어죽으나 뒈지긴
매한가지아님?

👍 220   👎 1

*오랜 공방 끝에 조조군, 식량 떨어지다. 병사들 불만 쌓이다.

회계팀 왕실장
흐규ㅠ내일이라도 폭동날거같은데요...

조조
아이고 왕실장나ㅏㅁ큰일났네ㅋㅋㅋ
나 대박좋은 아이디어 떠오름

 회계팀 왕실장
예??

조조
왕실장이 나 뭐 하나만 빌려주게ㅜ
이거 하나면 배고픈아랫것들 달랠 수 있어

대신 내가 자네 가족들한테 허도신축
고급아파트랑 목좋은 꼬마빌딩 줄게,,ㅜ

 회계팀 왕실장
????헐ㄹㄹㄹ대박...

조조
누워있어도 월세 이천씩은 나올것ㅋㅋ

걱정 전혀ㄴㄴㄴ

하여쮸간 뭐하나 부족함없이 챙김세

내가 참.....
미리 너무 고맙네ㅜㅜ

 회계팀 왕실장
아뇨 어르신 제가 감사하죠ㅠㅠㅠ

당연히 입던 빤쓰라도
벗어드리겠습니다!!!!

조조의
어린 비서관
전만

에헤이~
만아!

너 왜 비서관이 험한 일 해?
가서 엑셀 함수나 배워 인마~

만 장수 시키라니깐~

송구합니다,
어르신.

아버지 유품이…
녹스는 게
싫었습니다!

*〈정사〉 장수 전위, 주군인 조조를 지키다 죽다. 조조, 그 보상으로 전위의 아들인 전만에게 중랑 벼슬 내리고 곁에 두다.

*〈연의〉 조조, 군량담당자 왕후의 목을 베어 내걸다.
"식량 훔치던 도적 잡았으니 마음 풀고, 원술을 3일 안에 무너뜨려라!"

참으로
가엾도다!

수춘, 황제 원술 근거지

원술 신하들
(중仲나라 대소신료)

목숨 바쳐 섬겼건만…
주인에게 버림받다니?

*〈정사〉 조조, 원술 근거지 점령하다.

아느냐?
너희 황제 원술은
모든 금은보화를 챙겨
달아났다.

성이 함락되기도 전에
너희 모두를 버리고!

어서오시오
원술님

중나라 법인통장 / 즉시출금

금액   100,000,000,000···원

(100만) (10만) (1만)   전액

쯧쯧! 바보들 같으니.
내 자비를
베풀고 싶으나…

난세엔
사람 보는 눈 없는 것도
큰 죄!

*〈정사〉 원술,
군사와 부하들
버리고 달아나다.

*〈정사〉 조조, 원술이 남긴 부하들을 모조리 참하다.
**〈정사〉 원술이 세운 중나라, 불과 1년 만에 멸망하다.

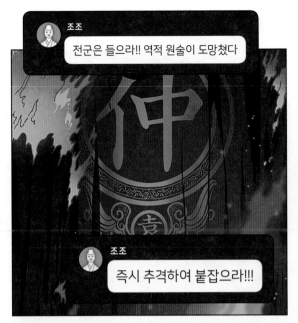

*〈연의〉 순욱, 원술 쫓으려는 조조 말리다.

*〈정사〉 조조, 원술 포기하고 근거지로 발 돌리다.

이, 이런

이런, 씨이···!!!

딩!

군용

대장이 되어 어찌
뱉은 말 주워담으랴?

자! 명령이오. 정선생,
내 목을 치시오!

어험~
칼 날카롭게 갈아와라!
한 방에 죽고 싶으니···

조조 책사
정욱

아이고오~
요 망둥이 같은 양반아!

맘에도 없는 소리···

예예! 알겠습니다.
어르신 단호하신 뜻!

아주 자알~ 알았사오니!
어서 일어나소서···

*〈정사〉 조조, 자신이 타고 있던 말이 보리밭을 망가뜨리자 처형을 자처하다.

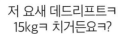

?!

아~
근데ㅠㅠ

…생각해보니까
엄청 억울하네~?

갓르신 이렇게 가버리시면?!
남은 뒤치다꺼리 누가 해요?

조조님께서 이승 퇴장하셨소!

곽가

이제 한황실은 누가 부활시켜주나

이 험한 세상~
누가 울 어린 황제폐하
지켜드리냐고~ㅠㅠ

와 양심 없다~ㅠㅠㅋ
사장이면 다야?

…자기는 무덤 속에서
편하게 쉬시고~

*〈연의〉 곽가(〈정사〉에서는 조조),
힘주어 말하다. "옛말에 우두머리
가 스스로 죽는 것은 옳지 않다
하였다."

부하들만 야근시킬라
그러시네~!

오냐, 곽선생아!
내 저승으로 도망치지 않으마.

…전군! 말에 올라라.
집으로 돌아가자!

머리칼 사진
단체방에 올릴 테니,
다들 꼭 보도록!

머, 멈추시오…

*〈정사〉 조조, 군법 지켜 보이겠다며 스스로 머리카락 자르다. "모든 군사들 돌려보게 하겠다."

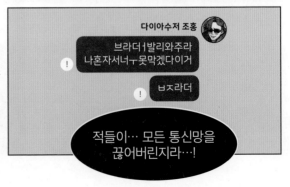

…가져가!

말로만 전해봤자
절대 안 믿으실걸~?

얼마 전, 완현

울 브라더, 아니
주군께서

의심이 좀
많으셔야지~♥

조조 친척 동생 겸
부하
조홍 字 자렴

아이고~ 쪽팔려!
무지무지 비웃으시겠네.

부하가 되어선 주인한테
SOS 치고 앉았냐고…

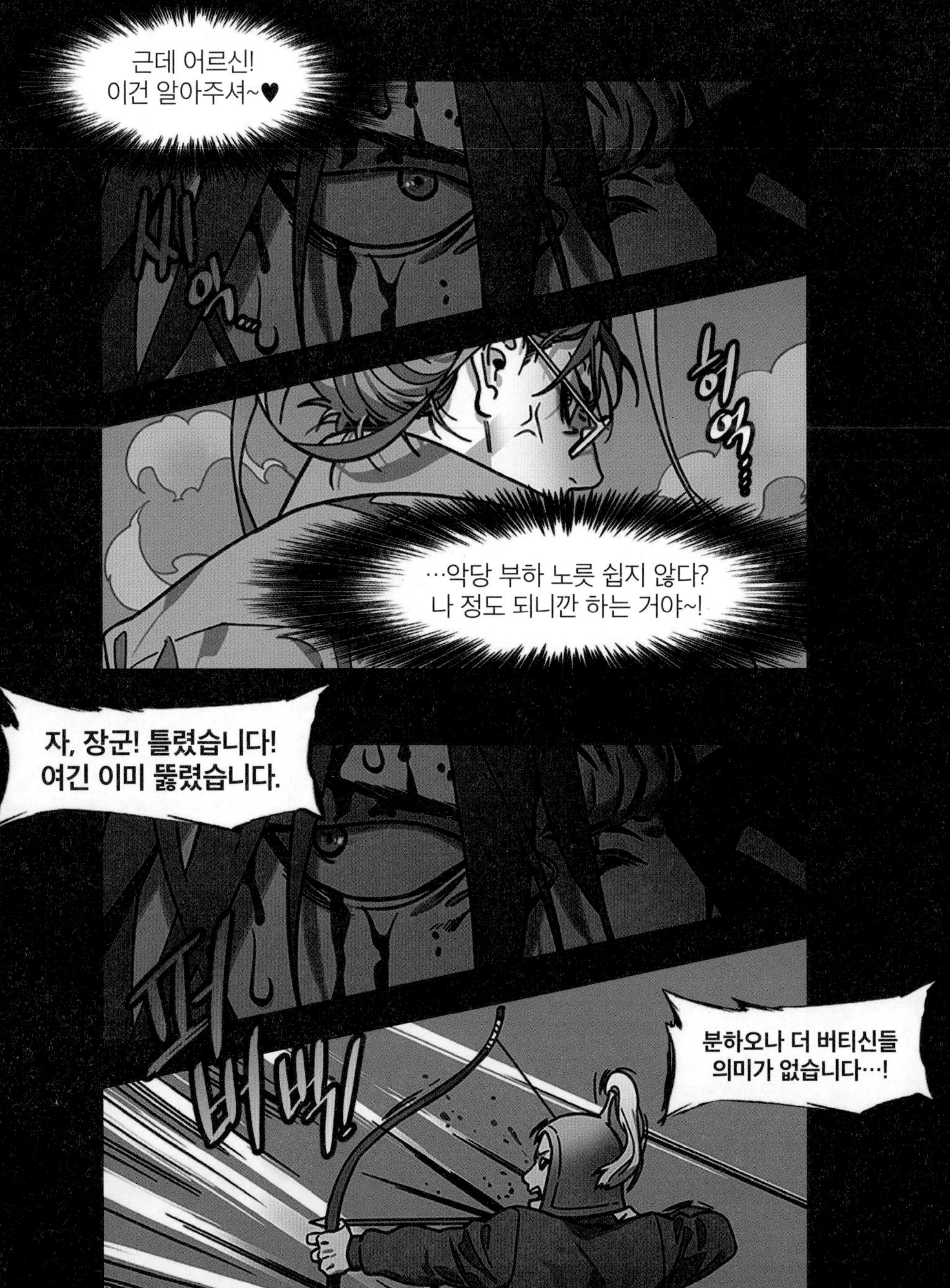
근데 어르신!
이건 알아주셔~♥
씨익…
허억…
…악당 부하 노릇 쉽지 않다?
나 정도 되니깐 하는 거야~!
자, 장군! 틀렸습니다!
여긴 이미 뚫렸습니다.
퍼버벅!
분하오나 더 버티신들
의미가 없습니다…!

큰일이군… 어르신!
양현 바로 옆은 허도입니다!

거기다 유표까지
장수를 돕는다뇨?!

……

유, 유표는 하북 강자
원소의 동맹이며…

거대한 형주 땅 주인이요,
동탁조차 두려워했던
자입니다!

양현

그런 거물이
직접 칼을 뽑다니요…

*〈정사〉 장수&유표 연합군, 조조에게 반기 들다. 맞서 싸우던 조홍, 버티지 못하고 물러나며 조조에게 구원 청하다.

어서 막으러 가시지요.
가장 빠른 말로 달리소서!

아니! 됐다.
즉시 전군에 전하라…

거북이 뺨치게

느릿느릿
나아간다!

애썼다, 조홍!

쯧쯧…
드디어 물러났군!

다시, 조홍이 싸우던 양현

조홍 그자!
참으로 성가시더니…

비로소! 역적 조조를 치고 거짓 수도 허도를 점령하여

장수 책사
가후
(2시간째 안마중)

형주 젠틀맨
유표 字 경승

조조 원수
유표 부하
장수

어리신 황제폐하를 구할 때가 왔음이야!

통
통
통
통

흥! 뭐하러 직접 가십니까? 곧 조조놈이 일루 달려올 텐데요!

잔뜩 쫄았을 겁니다요! 자기 집 허도 털릴까봐…

흥! 군율 다 말아먹고 허둥지둥 뛰어오고 있을 테지?

…밥까지 오래 굶었다니 오합지졸이 따로 없겠군!

*〈정사〉 조조, 원술과 오래 싸우느라 식량 바닥나다.

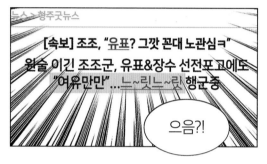

*〈정사〉 조조, 자기 구하다 죽은 장병들 위령제 지내다.
**〈연의〉 죽은 애마까지 위로하며 여유 부리다.

?! 이런!

안 돼…!

장수!!! 즉시 내게…
조조놈 목을
가져오라앗!!!

안중현(양현과 허도 사이) 숲속,
조조군 야영지

푸핫! 찾았다!

*〈정사〉 장수, 유표가 거느린 대군 이끌고 조조 뒤를 치다.

*〈정사〉 장수, 조조 아들 조앙와 부하 전위를 죽이다.

'유표'는 어떤 사람이오?

고, 고귀한 황실 핏줄이라 들었습니다.

소문난 젠틀맨이죠~?

맨~날 옳고 바른 소리만 하고~

…말인즉슨!

드럽게 재수없고

주둥이만 산 게으른 자입죠!

빙고! 정선생님!

고귀한 황족? 도리를 아는 젠틀맨?

까고 있네~!

형주 땅은 뭐!
예쁜 말씨로 얻었겠나?

유표한텐 든든한 빽이 있지.
형주 명문가 채씨…

채륵 남동생
채모 字 덕규

명문가 채씨 집안
채륵 字 영규

사, 살려주오…
커허윽…!

돈과 칼의 힘으로,
시체 위에 쌓아올린
명성이다,
이 말이야!

*〈정사〉유표, 형주를 주름잡는 명문가 채씨 집안에 장가가다. 유표 측, 형주에서
활동하던 수많은 무장세력 우두머리들을 초대한 뒤 모조리 살해하다.
그 수가 55명에 이르다.「유표전」

내 그런 타입 아주 잘~ 알거든?
보통 약은 게 아냐.

말로만 인의예지 지껄이지
손해 보는 짓? 절대 안 해!

그럼 반대로…
손해 보게 만들면
제풀에 후다닥 꺼지겠지?

큭큭!

*조조, 매복전으로
유표군을 공격하다.

어, 어르신!

어찌 안 보십니까?
큰 전투가 벌어졌습니다!

흥! 뭘 보냐? 촌스럽게!

안 봐도 비디오다!
우리가 무조건 이겼어.

나 참~ 저것들은 바보더냐?
함정인 거 빤히 보이누만~

이런 숲속까지 신나서 쫓아오다니…

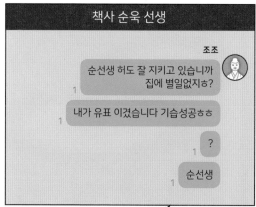

책사 순욱 선생

조조

순선생 허도 잘 지키고 있습니까?
집에 별일없죠ㅎ

1

내가 유표 이겼습니다 기습성공ㅎㅎ

1

?

순선생

1

…저, 전구우운~!!!
퇴각하라앗~!

어, 어르신! 적들 도망칩니다!
어서 쫓으시지요…

어엉? 뭔데 순선생?!
왜 나 씹어?!

쓰읍~!

어허~ 앉아 인마!
어린 게 성질 급하긴ㅋㅋ

쐬주 한잔하고 가자.
어차피 다 이긴 싸움이니라!

핵!

핵!

*〈정사〉 장수, 크게 깨지고 허둥지둥 퇴각하다.

*가후, 조조 음모 일찍이 눈치채다. 그러나 유표, 가후 말을 듣지 않다.

조조가 이긴 건 당연하지요!
전투란 쫓기는 쪽이
유리한 법입니다요.

싸울 장소도, 싸우는 타이밍도
내가 정할 수 있으니…

뭣보다! 조조는 방심하지
않았기에 이겼습니다.

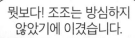

책사 순욱 선생

하지만 한 번 이겼으니…
지금은 방심하고 있겠지요?

언능 가서!
작살내고 오시어요. 장군~!

이런 씨이이~!!!

*〈연의〉 조조, 가후 꾀에 당하다. 방심하고 있다가 크게 깨지다.

가후 vs. 조조

어, 어르신! 무사 귀환을 감축드리옵니다…

닥쳐라! 썩들 비켜!

조조 근거지
허도 신도시 황궁

선생! 그 무슨 개소리요?!

원소 그놈이…
선전포고를 했다고?!

아뇨. 다행히 이 근방에서 병력을 모으고 있을 뿐입니다.

어르신께서 원술과
유표 치러 가신 틈을 타

빈집 된 허도를
털고자 온 거지요!

저희에게 들켰음에도
보란듯이
물러나질 않으니…

어찌할까요?
올 것이 왔습니다!

원소는 이번에야말로…
어르신을
무릎 꿇릴 참입니다!

조조

야. 두 번 말 안한다

꺼져

원가놈1

이런..아만^^;
다짜고짜 무슨 소린지?

*원소, 둘러대다. "공손찬을 치러 가기 위한 군량미를 빌리러 왔을 뿐이오."

원소를 이기는 10가지 이유

원가놈1
세력? HA!

원가놈1
허도를 빠르게 안정시킨 건
인정하지... 허나!

기주, 청주, 병주, 유주를 손에 쥔 내게
네 영향력 따윈 무릎에도 미치지 못해.

원가놈1
군사력? Nonsense!

크윽!

원가놈1
내가 거느린 군사가 네 몇배인지
알기나 하는지? 아만?!

원가놈1
네가 거느린 황실도,

원가놈1
손에 넣은 지위도 모두!

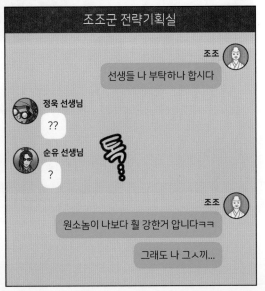

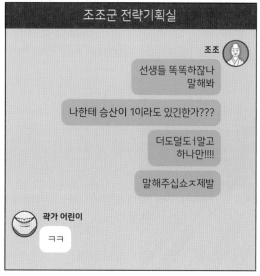

*〈정사〉 조조, 분노하다. "원소는 여러 차례 오만불손한 짓을 했으나, 내 역량은 (원소에게) 상대가 안 되오. 그래도 (원소를) 치고자 하오."

곽가 어린이
갓르신~?!
저저 질문있음~~~~!!

곽가 어린이
하나보다 더 대면
보너스점수 주실거~ㅋ?

…과, 곽선생?!

조조군 전략기획실

 곽가 어린이

자 다들 아시다시피 전 팩트로만 찢죠

왜냐?천재한텐 조작이 필요없기 때문에ㅋ

ㅇㅋ가볍게 1번부터 갑니다

하나!
원소는 더럽게 점잔떨죠
하지만 우리 갓르신은 가식없음

벌써 스코어 1:0 ㅋㅋㅋㅋ

*〈정사〉 참모 곽가, 한탄하는 조조 앞에 나서다.
**〈정사〉 곽가, "원소는 예절과 의식 지키느라 번잡하게 구나, 공(조조)께서는 아니하시니 첫번째 승입니다."

곽가 어린이
또! 원소는 지 잘난맛에 뭐든 꺾고 거스르려고 들지만ㅋ

곽가 어린이
우리 갓르신은 굽힐땐 굽히죠??

곽가 어린이
또 얘 맨날 착한척 G리죠ㅋ? 3:0

곽가 어린이
그러면서 질투심은 오G죠???

곽가 어린이
그래서 2:0!

조조군 전략기획실

곽가 어린이
맨날 주변사람들 의심하고 말 씹으니ㅋ
ㅋㅋ자기 눈 스스로 가리는 격이죠

울 어르신은 능력만 있으면ㅋ 친구든 적이든
이뻐하니깐ㅋㅋ 빅데이터 활용이 되거든 4:0

또 일을 1.8배속으로 싸게싸게 해야지
혼자 음습하게 플랜BCDE 짜고 앉았고요

이미지관리랑 언플 미친 듯이 해대서
곁에도 입터는 놈들만 드글드글하고요ㅋ

백성들한테도ㅋ거지한테 수표는 줄망정
큰그림은 못그려서 도움1도 안 되고요 ㅋ

윗대갈이 그모양이니깐 밑에 따까리들도
지들끼리 편갈라서 정치질 개쩔고욬ㅋㅋ
ㅋㅋㅋㅋ

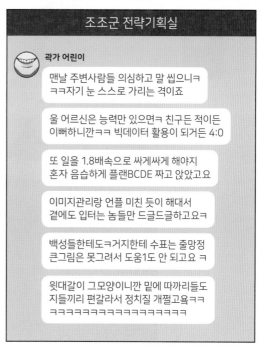

*〈정사〉"원소는 늘 거꾸로 행동하나, 공께서는 순리대로 받들며 천하 이끌 줄 아니 두번째 승입니다."
**〈정사〉"한나라는 지나친 오냐오냐 때문에 그르쳤는데(십상시, 외척득세 등) 원소도 관대함을 자랑하니 세번째 승이요, (원소는) 겉보기엔 관대해도 속으론 아랫사람을 질투하고 의심하나 공께서는 적이라도 의심 않고 재능을 높이 사시니 네번째 승입니다."
***〈정사〉"공께서는 책략을 세우면 곧바로 행하시며 임기응변에도 강하나, 원소는 책략은 많이 꾸며도 결단이 느리니 다섯번째 승이요, 원소는 대명문가 집안 덕으로 고상한 명성이나 얻고자 하여 가짜 선비들만 모이니 여섯번째 승이며, 원소는 가까이에 있는 백성만 도울 줄 알지 멀리 있는 이에겐 은혜가 미치지 않지만 공께서는 사소한 일은 그르쳐도 큰 그림을 그려 은혜가 널리 미치니 일곱번째 승이요, 원소의 대신들은 서로 권력을 다투기만 하니 여덟번째 승입니다."

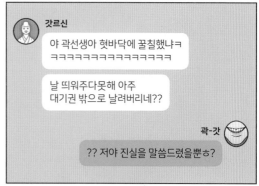

*〈정사〉 곽가, 강자 원소 이길 수 있다며 조조 치켜세우다. 조조, "나를 그토록 칭찬하다니, 내 덕이 못 미칠까 겁나오." 하며 웃다.

어디 보자…
'프린스 원소'라는

거대한 사냥감을
노리려면,

명문가 주씨 집안
손책 찐절친 주유

사냥개가 둘은 있어야겠군!

젊은 강동 호랑이
토역장군 오후吳侯 손책

*〈정사〉 조조, 손책에게 장군벼슬 주고 오吳지역(장강 동쪽 손책의 근거지. 現 쑤저우 근방) 다스리는 제후로 봉하다.

손장군ㅎㅎ 잘 지내봅시다 우리.

날 위협하는 요소는 둘.
서쪽의 유표와 동쪽의 여포!

흥! 손책은 애송이나
유표를 증오하니
철저히 감시할 테지.

남은 하나는
진작에 손써두었다!

뚜르르...

뚜르르...

빤질이 유비놈

엥? 어어, 이놈 봐라?!
안 받어 감히??

얼굴 안 봤더니
그새 군기 빠졌네ㅋ...

뭐하고 자빠졌어?
이 짜가 황숙 놈!

*〈정사〉 손책 아버지 손견, 유표 부하인 황조의 손에 처참히 죽다.

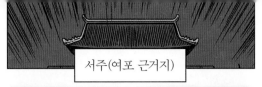

서주(여포 근거지)

조조 따까리, 황제 숙부
유비 字 현덕

정신 차리셔 어르신~!
전화 왔다, 전화!

에잉? …끊겼네!
아이고~ 내 팔자야.

바보도 아니고~
왜 술을 주는 대로
다 처먹어? 으응?!

여포 책사
진궁 字 공대

나 원! 성가셔 죽겠군.
꼴에 손님이니
안 챙길 수도 없고!

이거… 대체 뭐하는 놈이야?! 왜 니가 조조랑 편을 먹어?

껄쩍지근해… 이놈이나 조조나 우리한테 좋은 감정 없는데

왜 갑자기 친한 척이냐 이 말이야…

거기다 뭐? 하루아침에 황제폐하 숙부가 되셨어?

예끼! 쉰소리 마라!

*〈정사〉 조조, 유비를 서주(여포 근거지)에 주둔시키다.

*〈연의〉 조조, 여포 암살하라 파발마 보내다. 유비를 수상하게 여기던 진궁, 조조가 보낸 비밀편지를 가로채다.

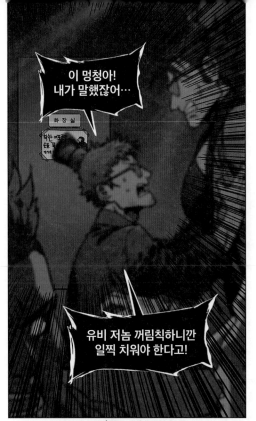

이 X끼 화장실에 숨었구나!
야 니들 썩 꺼져봐…

으잉~? 장군님!
화장실 텅 비었는뎁쇼~?

…??!!!

땡!

껭
끽!

유비
어르신ㄴ여포한테들킴
탈ㄹ출하겟ㅂ

거기 서라, 귀 큰 놈아
아아아아아아악!!!!

서주

유비의 애마
적로 바이크
(100cc)

*〈정사〉 조조, 유비를 받아들이며 명마를 하나 고르라 하다. 유비, 일부러 마르고 볼품없는 말을 고르니 '적로'라 불리다.

…화살이
날 비켜갈 리 없어!

??!!!

하하!
고, 고맙소!

덕분에 목숨 건졌습니다…

조조
친척 동생&부하
하후돈 字 원양

크읍…

으으아아…

뻐적

하, 하후장군!!!!

아아아악

저, 정신 차려요…
우리 둘 다 죽소! 일어서!

크으윽… 어서,
내게 업히기라도…

…헐, 맙소사!

*〈정사〉하후돈, 조조 명령 받고 여포 공격하다. 왼쪽 눈에 여포군(〈연의〉에서는 고순 부하 조성)이 쏜 화살을 맞다.

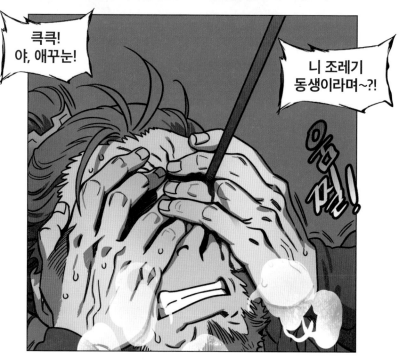

깔깔 깔

깔

크큭! 온 세상이…
조레기를 비웃으리라!!!

…!!!

??!!!

눈앞이… 시뻘겋다.
뜨겁게 달군 인두로
지지는 것만 같구나…

허억!

허억…

그러나…
밀려선 안 돼!

형, 아니…

조조 어르신께서 원소와
패권을 다투고자 치르는
첫 전투다.

내 탓에 사기가 꺾이면
적들은 기고만장하고

아무도
'조조'라는 이름을
두려워하지
않으리라…!!!

덜덜…

크윽… 하하!
꾸, 꿈 깨라! 여포놈아!

넌 내 목은커녕!
눈알 하나도 못 갖는다…!

이제 가족 아닌
너희 주인이다!

이 조조를 위해 살고!
나를 위해 죽어라.

"너희 목숨도 몸뚱이도 내 것이니,

적들에게 멋대로 내주지 말라!"

허억! …허억…
질기구나…!

*〈연의〉하후돈,
스스로 뽑은 눈알을
삼키다.

…서주 대학살은
실수가 아니었구나.

조조가 바랐기에,
당신들이 힘써 이루었던 것이지!!!

구토가 치민다…!

크윽?!!

…?!!!!

……

*〈연의〉유비, 여포에게 사로잡히다.

근데 왜 저놈들은…
조레기가 패해도, 망해도!

왜 죽어라…
곁에 남는 건데?!

야, 귀 큰 놈. 미안한데
오늘 너 곱게 못 죽는다.

내가 지금… 기분이 아주
주옥 같거든?!

일단
니 팔다리부터 뽑자…

*⟨연의⟩ 관우와 장비, 유비 구하러 달려오다.

이, 바보들아!
어쩌자고 여길…

…!!!

(형)님! 지금 우리
걱정할 때임?!

쫌만 참어! 3초 안에 이
빠트트릭* X끼 죽여버릴 테니깐!!!
*빠더 해트트릭(3관왕)

아아아아아오오옥씨!!!!
개빡치네 콱!!!

야! 다 튀어나와!!!
이 X끼들 조져버려!!!!

*〈연의〉 관우, 어릴 적 친했던 장료에게 호통치다. "그대 같은 장수가 어찌 여포처럼 의리 없는 자를 따르오?" 장료, 아무 말 못 하다.

…그만! 관공! 장공! 큰형님은 포기하시오!

크악!!!

같이 도망칩시다, 빨리!!!!!!!!!!!!!!!!!

크윽… 그, 그래! 둘째야!

막내야… 달아나라! 얼른!!!!

…!!!

여기가 적진 한가운덴 거 잊었소?! 완전히 포위됐소이다!!

겨우 우리 5만으로 서주성을 떨굴 순…

…여포놈 죽이고! 유황숙 구할 순 없다고, 바보들아!!!

와아아아아

…!!!

나, 난 괜찮으니… 헉…???!!!

막내야아…!!!!!

크큭! 이제야 조용해졌네!!!!

빌어먹을…!!!

뭘 우냐? 엉?!!

귀 큰 놈! 니도 저승으로 특급배송 날려주마…

???!!!!!

행정 담당 손건

서주 제일가는 부자 유비 스폰서 미축 字 자중

…!!!!!

*〈연의〉 관우와 장비, 여포군에 휩쓸려 행방을 알 수 없게 되다.
**〈연의〉 조조군, 부상당한 하후돈 데리고 물러나다.
***〈연의〉 미축, 유비 구하고자 말 타고 허둥지둥 달려오다.

부디…
우리 유비 어르신
목숨만은 살려주오!
밤, 서주성
서주
덜덜덜
덜덜덜
폐지
이, 이제 맘놓으십셔!
아이구, 얼마나 시장하실꼬…
도와줘서 고맙소,
유사장님!
아, 아이~ 뭘요!
울 어르신들 일인데…
가난한 서주 백성
유안

*〈연의〉 유비, 몰래 서주 탈출하다. 서주 사람 유안, 먹을 것도 없이 도망치는 유비 일행을 챙겨주다.

서주 백성 누구라도…
온몸 바쳐 나섰을 겁니다요…

존경하넌미축회장님

흠,,유사장님 오늘 서주성에서
폐품수거하시는 날이지요

귀한 짐들 좀 같이 옮겨줄 수 있는지??
절대 들키면 안됨

[폐품사냥꾼]신속수거/친절상담~^^

아휴에물론이지요울미회장
님게서도와주신게얼만데요

유사장님, 근데 이 귀한 게
어디서 나셨대요?

요즘 서주 고깃값이
금값인데…
아내분이랑 드시지…

쳐묵해놓구 죄송하네 ㅠㅠ

그, 그게… 울 마누라…
피와 살…입니다요……

……?!!

10원짜리 한 장도
아끼는 사람이요,

허허! 어르신 먹일 거라니까
쌈짓돈 턱 내놓더라고요…

덜 먹고 안 입으며 모은 돈인데…

♥존경하옵는 마눌님♥
유비어르신네???

아이고 그양반덜한텐 다 내드려야지
여기 계실적 우리한테 얼마나 잘해주셨어

💣 돈주머니를 수령하시오!

이걸루 고기라도 사멕이소
여포놈때매 얼마나 몸들 축났을거야,,,

……!!!!!

크흑…!!

♥존경하옵는 마눌님♥
난 울 유비어르신 서주 계실때가
제일 행복했네

금수저 양반들은 다 지잘난척하드만
그냥반은 영 친근한 맛이 있었잖어

유안
암백성맘같은백성이알지누가알어~

♥존경하옵는 마눌님♥
어르신~
우리 다 어르신 편이우~~

허도 신도시, 황궁

……

흩어진 삼형제

20년이나 지났건만,
그때를 떠올리면…

마치 어제 일인 듯
가슴에 찬바람이 휘몰아친다.

…콜록!

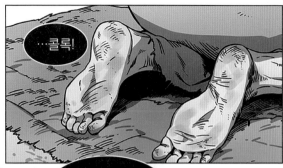

…콜록!

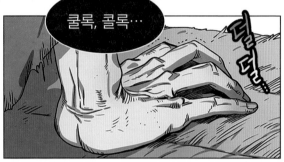

쿨록, 콜록…

이 원소의 생애, 가장 추웠던

…길고 긴 여섯 번의 겨울이여!

허억…

에, 에으엣…
므헤에에에에~…

낙양일보 왕기자

헤에에엣취이이잉~!!!!

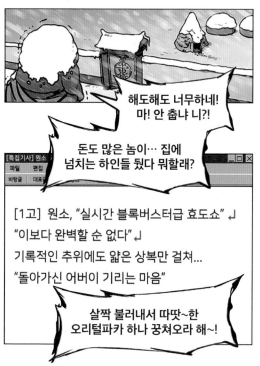

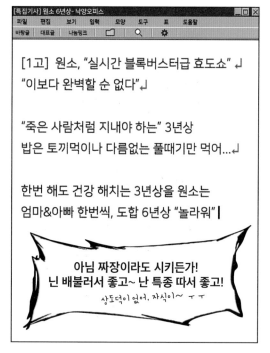

*〈정사〉십상시 같은 환관이 기세등등하고, 외척이 권세 부리며, 부정부패와 도적떼 들끓던 후한.
이를 한탄하던 유학자들(사회 지배층), 혹독한 6년상 치러 유교 가르침 실천하는 원소에 환호하다.

[속보] 원소 6년상, 오늘 24시에 "끝"

예주호족 / 65세

프린스 원소가 왜 좋아요?
원소흥? 그냥 다 좋아 유교요정★원★소★짱!!!!!!!

[사진] "헬후한에 나타난 구세주" 원씨저택 둘러싼 원소팬들

압니다요~! 크크큭! 하여간
높으신 양반들 참 이상해~?

저게 고문이지 뭐예요?!
괴로우면 괴로울수록 효도라니…

심지어 무덤 누워서
원소 절 받고 있는 시체들!
낳아준 부모도 아니람서요~?!

*〈정사〉 원소, 원래 원씨 집안 사내(원술 아빠)와 노비 사이에서 태어난 천한 신분이었으나 원씨 집안에 입양되다.
6년상은 서류상 어버이에게 바친 것(노비 엄마는 살아 있음).

*〈정사〉 원소, 사서에 여러 번 언급될 만큼 아름다운 외모로 더더욱 추앙받다. '뼈 깎는 노력으로 천한 신분 극복해 군자로 다시 태어난' 신데렐라 스토리에 젊은 유학자들 미친듯이 열광하다.

원가 양반네들 속 쓰리겠네~ㅋㅋ
기껏 핏줄에 금테 두르고 태어났는데…

지들도 못 한 6년상을 근본 없는
종놈 자식이 해냈으니ㅋㅋㅋ!!!

대명문가 원씨 집안
찐 도련님 원술
(a.k.a. 원소 배다른 동생)

가증스러운 종놈 자식…!!!

도, 도련님! 춥습니다!
어서 이것 펼치십시오…

얼씨구?

흥! 삐져라 삐져~
됐어 니 맞는 말 했다!

프린스 원소, 분명 크게 될 거야…

쿨럭! 허억…

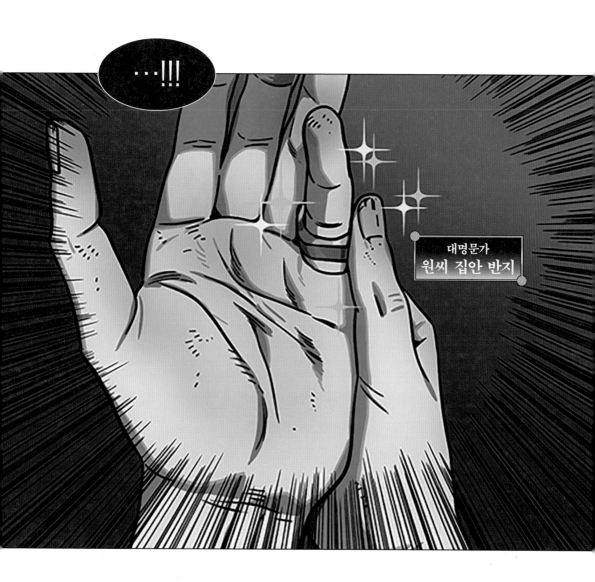

최강자, 원소

현재, 기주 업성
(원소 근거지)

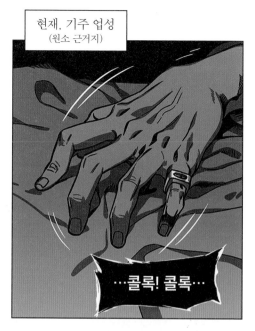

…콜록! 콜록…

크윽… 콜록!!

쿨럭…
쿨럭, 쿨럭!!!!

이런…
또 시작이군(눈물).

쿨럭!

쿨럭!

커헉…!

…겨울이 다가오면
몸이 먼저 알아챈다.

씨익…

씨…

My, my… 6년상 치른 지
족히 20년은 지났건만.

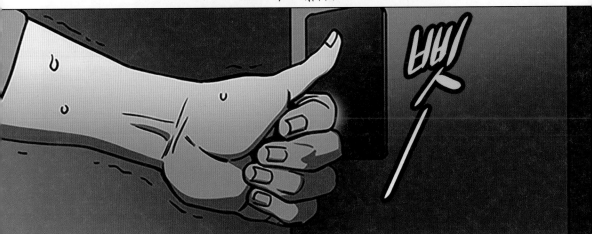

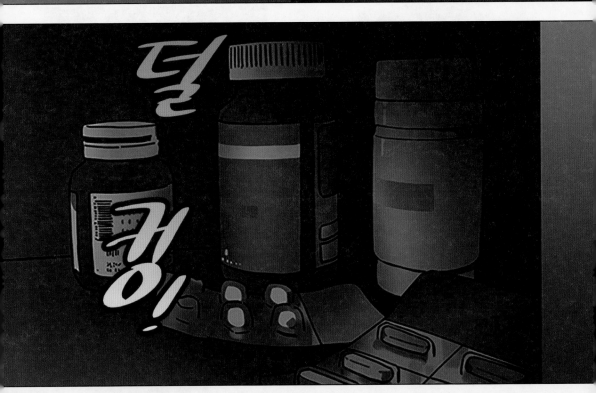

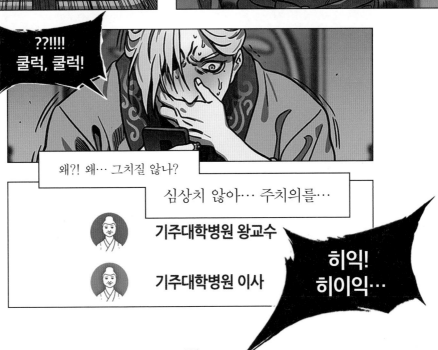

최강자, 원소

十.

틀어박힌 공손찬

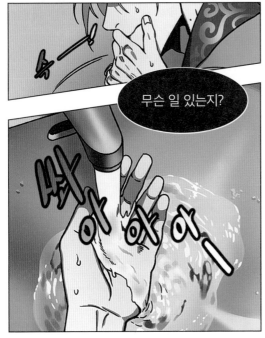

107
·
틀어박힌 공손찬

이런! 너까지 왔느냐?
피곤할 텐데 푹 쉬지 않고.

이 아비를 보고 머리가
흐트러질 만큼 기쁜지?🌹

Oops… 죄송합니다,
아버님!

제가 신사답지
못했지요(웃음)?

혀, 형님! 억울합니다!
아버님은
쟤만 이뻐하시고…

그, 그렇게 말이다! 우린
쥐 잡듯 혼내셨으면서…

조용! 이 어미는 슬프구나.
천것들처럼
뒤에서 소곤대다니?

*〈정사〉 원소, 막내아들 원상 사랑하다. 용모가 매우 아름다웠다고.

정녕 너희가 '프린스 원소' 핏줄이 맞는지…

My, my…

이런! My lady(부인) 노여움 푸시지요.

익히 아실 터.

우아함은 아무나 가질 수 없는 덕목임을(눈물)…

그래, 어쩐 일로 밤이슬 맞으며 발걸음하셨는지?

부르시지 않고! 내 아침에 직접 찾아뵐 것을…

알아요, my love… 하지만 축배를 들기엔 밤이 아름다운걸?

꽝 꽉!

*〈정사〉 원담, 원희 낳은 엄마는 누구인지 모른다. 원소가 6년상 치르기 전 결혼했고, 명문가 사람이라면 짧게나마 기록이 있을 텐데 그마저도 없으니 신분이 높진 않았을 것.

조조가 칙명을 발표했어요.
My love, 당신에게 무릎 꿇겠다고!

배, 백성 여러분! 알다시피!
나 조조는 평화를 ♥사랑♥한다.

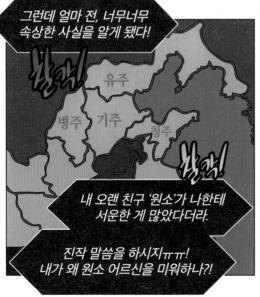

그런데 얼마 전, 너무너무
속상한 사실을 알게 됐다!

유주

병주 기주

청주

내 오랜 친구 '원소'가 나한테
서운한 게 많았다더라.

진작 말씀을 하시지ㅠㅠ!
내가 왜 원소 어르신을 미워하나?!

하여! 내 진심 보이고자
황제폐하 조르고 졸라…

원소를 대장군 겸 태위 겸
드넓은 북부 4주 도독으로 삼으니!

[속보] 기주, 병주, 청주, 유주 드릴게요

*〈정사〉 군통수권자+황제 대리인+4개 도지사 자리 준 셈.

'북방의 귀신'
공손찬?

부인… 짓궂기도 하시지!

잘 아시지 않습니까?
더이상… 예전의 공손찬이 아님을!

유주, 어마어마한 요새
역경(공손찬 주둔지)

사주천국
♥공손찬♥님의 오늘 운세는?

타로타로
느낌 좋은날! 오늘 하루,
모든 소망 이뤄질거예요~!

오늘의 MBTI
ENTJ인 당신,
필수템 ○○○만 있으면 만사형통?!

전쟁터에서…
패자에게는 오직 죽음뿐.

그러나 이 공손찬,
아직 죽지 않았다…

난 아직 지지 않았다, 원소!

음?

기주대병원 호흡기내과 교수
어르신. 전화주셨더군요.
어디. 편찮으신지?

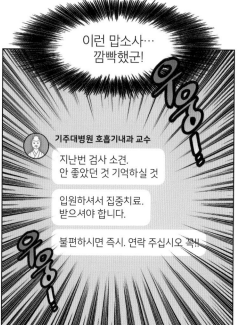

이런 맙소사…
깜빡했군!

기주대병원 호흡기내과 교수
지난번 검사 소견.
안 좋았던 것 기억하실 것

입원하셔서 집중치료.
받으셔야 합니다.

불편하시면 즉시. 연락 주십시오 쪽!!

틀어박힌 공손찬

그래요, My love.
당신은 완벽해야만 해!

컷!

다들 고생했다. 하여간ㅋ
원가놈들 다루기 쉬워~ 쯧쯧!

조인조인간ㅋ
어르신.

조조
됐다ㅋㅋㅋㅋㅋㅋㅋㅋ
말 안해도 내 이미 안다

원소 그놈 포위 풀고 자기 집으로
돌아갔지???아니냐???

조인조인간ㅋ
맞습니다.

조조
ㅋㅋㅋㅋㅋㅋㅋㅋㅋㅋㅋㅋㅋ

조조 친척 동생 겸 부하
조조군 인간 병기
조인 字 자효

!

*원소, 조조 향한 의심 풀다. 〈연의〉 조조가 "공손찬 치면 돕겠다" 속삭이니 북쪽 공손찬 토벌에 온 힘을 쏟다.

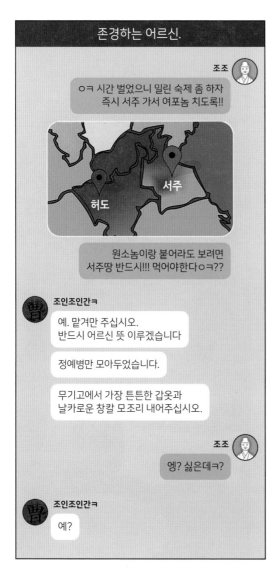

허장군, 하후장군. 이것 놓으시오.

어찌 모르시오? 어르신께서는 내게… 죽음을 명하신 거요!

일전, 여포가 반란을 일으켰을 때 나는 놈을 제압하지 못했지.

그때 죽었더라면,

여포가 점령한 너른 서주 땅은 오늘날 어르신 차지일 터!

*〈정사〉 조조, 서주 대학살 일으키고 연주 호족을 죽이는 등 횡포 부리다. 진궁 비롯한 연주 사람들, 여포를 돌격대장 삼아 조조에게 반기 들다.

그뿐인가?
그 짐승은…
어르신 백성들마저
유린하고 있어!

*〈연의〉 조조, 유비 시켜 여포 죽이려 하다.
**〈정사〉 여포, 산적떼와 손잡다. 조조 세력권인 연주 땅 여기저기를 약탈하다.

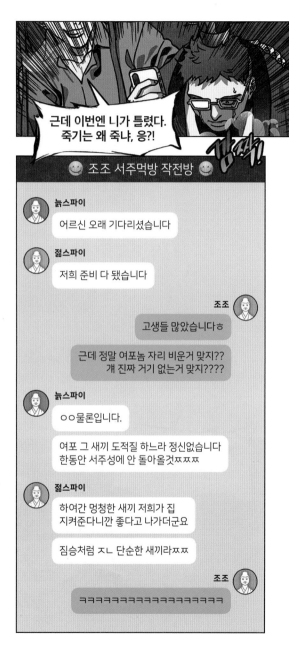

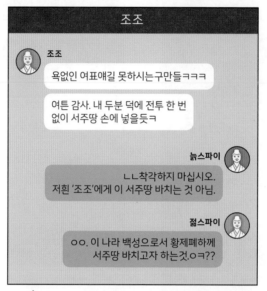

조조

조조
욕없인 여표얘길 못하시는구만들ㅋㅋㅋ

여튼 감사. 내 두분 덕에 전투 한 번 없이 서주땅 손에 넣을듯ㅋ

늙스파이
ㄴㄴ착각하지 마십시오. 저흰 '조조'에게 이 서주땅 바치는 것 아님.

젊스파이
ㅇㅇ. 이 나라 백성으로서 황제폐하께 서주땅 바치고자 하는것.ㅇㅋ??

흥! 새침들 하시긴. 됐고, 조인!

속는 셈치고 어서 알몸으로…

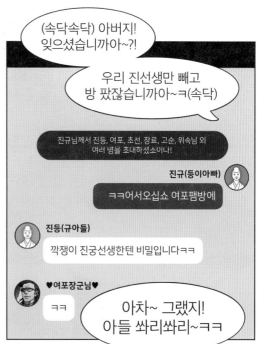

*〈연의〉 진규, 여포 꼬드기다. "장군보다 강한 조조와 싸우시려면, 식량 많고 풍요로운 하비성으로 옮기셔야 합니다."

*〈연의〉진궁, 한탄하다. "서주성을 왜 버립니까? 조조가 우리보다 강하지만 근거지(허도)가 멀어 보급 어렵습니다. 약해진 조조군 치면 이길 수 있습니다."

압니다. 알아요!
나한테 서운한 거!

당신들이 예뻐라 한 유비,
내가 통수 친 거 맞는데!

솔직히 걔는 진짜
아니잖아~ 엉?!

힘도 카리스마도 쥐뿔도 없는 애가…
뭔 수로 괴물 조조한테서 서주를 지켜요?

차라리 성깔 더러워도
역적 동탁 죽인 덕에

전국에 이름값이나마 있는
여포가 든든하지!

*⟨정사⟩ 미축, 진규&진등 비롯한 서주 호족들, 대학살 때 조조와 싸워준 유비를 서주 지배자로 추대하다. 그러나 여포, 유비에게서 서주 땅 빼앗다.

수도, 허도 신도시
(조조 근거지)

…하하하!

숙부님! 정말입니까?
노식 어르신께 배우셨다니!

훌륭한 분이셨지요.
이 조카도 뵌 적 있습니다!

……

피치보이즈 1호기 유비

1 둘째야

1 막내야

1 밥은 먹었니ㅠ

살아들 있는 거야?

둘째야… 막내야!

숙부님?

…숙부님!

진규·진등 부자의 음모

…숙부님! 참으로 무엄하십니다.

비록 내가 조카요, 그대가 황숙이라 하나!

짐은 만인지상! 이 나라 황제이거늘…

허… 헉!

제가! 책임지고 이 웬수…
아, 아니 황숙을 두들겨 패어
골골(骨骨)과 육육(肉肉)을 분리하야!

예례(禮禮)를 가르치겠사오니…
이번 한번만 살려주십시오…

푸하하하핫!

농담입니다,
농담요!

숙모님, 이 조카 무섭습니다!
골과 육을 분리하시다뇨?

맘놓으십시오.

*동탁, 어린 유협을 황제로 만들어 꼭두각시 삼고자 하다. 황실 웃어른인 대왕대비 하태후 및 前 황제 유변(유협의 배다른 형)을 몰래 죽이다.

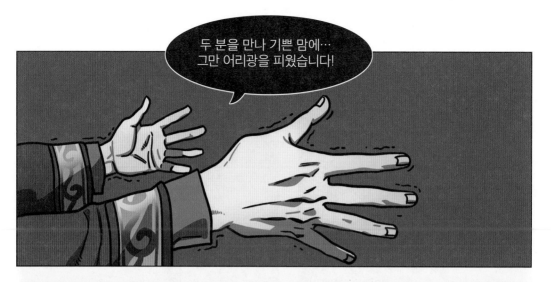

황궁, 으슥한 뒷길

끼릭!

내일도 이 조카와···
다과 드시러 오실 게지요?

뻑!

끄으어어어어
워어어어억~!!!

빌컥!

어오··· 이, 이제
좀 살겠네ㅠㅠ!!!!

여보ㅠㅠㅠ괜춘?!!
나 1분만 더 있었음 체해서
토할 뻔······ 꺼억!

헉!

ㅇㅇ나도요.
와···;;

커피 한 잔으로도 사람이
체하는구나··· 끄으으으윽!

상상도 못 해봄ㅎ ㄷㄷ

당신, 진짜 웬수야! 혼날래요?!
왜 넋 놓는 건데. 어전에서?!

와씨. 나 식은땀 나는 거 봐. 이 추운 날에!!!

미, 미안해요…
아악!

오, 오늘은

애들 소식 좀
있을까 싶어서…

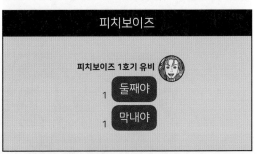

피치보이즈

피치보이즈 1호기 유비

1 둘째야

1 막내야

…여보야.

나도 걱정돼요.
근데 당신이 더 위험해 지금.

여기
호랑이 소굴이잖아.

'유황숙'이 황제랑 친하면
조조가 견제할 거 알면서!

약속해요, 나랑!
이제 폐하 연락 다 씹기로…

지밀환관 어르신
황숙부, 황숙모님,,,
오늘 참으로 감사드립니다,,

…황제를 모시던 직속 환관!

*〈정사〉황제 유협, 동탁 꼭두각시 되어 장안 끌려가다. 동탁이 여포 손에 죽자, 동탁군 이각과 곽사가 유협을 사로잡고 이용해 먹다.
**〈정사〉조조, 이각과 곽사 물리치고 유협 구해내다. 어린 황제 보호자 겸 황실 수호자 자처하며 황제를 쥐락펴락하다.

제가 이런 말씀 드린 것 아시면
폐하 펄펄 뛰실 거지마는

황제폐하께선 지금…

톡

토톡

 지밀환관 어르신

제가 이런 말씀 드린 것 아시면
폐하 펄펄 뛰실 거지마는,,

황제폐하께선 지금,,,,,,,,,,,

조조놈 꼭두각시나
다름없으십니다!

*황제 유협 및 측근들, 조조에게 맞서고자 유비 측 세력을 끌어들이려 하다.

다 들었소, 유공!

요즘 황제폐하께서…
밤낮으로 부르신다지?

왜? 바짓자락 붙들고
울고불고…

이 조조 뒷담이라도
까시더이까?!

아이, 어르신!
그럴 리가 있겠습니까~?!

관절대간다는?
삼시세끼 먹는 게
용안인데~!

어휴, 말도 마십쇼!
저 정말 죽겠습니다~ㅠㅠ

이 조조! 마침 서주에 볼일 있는데. 유공도 데려가드릴까ㅎㅎ?

서주

이봐요! 어르신… 내가 나 좋자고 그랬나?!

뭐요?

조조랑 싸우고 원술이랑 싸우고

부들..

나라고 사람 사는 서주 땅, 전쟁터 만들고 싶겠냐고!

부들

근데 어쩝니까? 여장군이! 내 말을 안 들어먹는데!

싸우랄 땐 안 싸우고, 싸우지 말랄 땐 싸우고!

책사, 진궁

모르는 사람 있나?
당신 고향 사람들, 당신만 믿은 거?

*〈정사〉 연주 토박이 진궁, 반동탁연합 실패하고 떠돌던 조조를 연주 지배자로 밀어올리다. "조조야말로 새 질서 만들 패왕감입니다!"
**〈정사〉 조조, 서주 대학살 일으키고 반발한 연주 토박이들 죽이다. 진궁, 조조 친구 장막을 끌어들여 조조에 맞서나 장막도 살해당하다.

미안합니다, 선생!
젊은이라 금방 욱해~

근데 말야?
내 동생 같아 하는 말인데~

토
닥
...

아이, 내가 왜 몰라?
울 진선생두 노력하셨지~ 암!

자꾸 일 망치는 걸
왜 여포장군 탓해~?

조조놈 첫 책사였으나,
직접 등에 칼을 꽂은 패기!

초심 잃은 건
우리 진선생인데!

캬 대박이셔~ 그 책임감!

당신 책사야, 책사!

헉!

근데 왜 자꾸 주군을
이겨먹으려 들어~?!

 초선 @여포 여보야 왜 집안옴???? ♡

 여포 @초선 쫌만더 놀다감ㅋ
진궁그안경잽이 꼴보기시름 ♡

그러니 자꾸 어긋나지~!

더러운 걸레로 닦으면
얼룩은 더 커질 뿐.

이기적인 맘으로 간하면
믿음이 아닌 미움을 살 뿐!

*〈연의〉 진규와 진등, 여포가 위험에 처했다고 거짓말하다. 진궁, 당황해 사실 확인도 않고 여포를 돕고자 군사 이끌고 서주성 나서다.
**〈연의〉 여포, 자기 없는 사이에 서주성 지키도록 부하 장료, 고순 남겨두다. 그러나 진규와 진등, 접주어 쫓아 보내다.

서주-연주 접경 지역
어느 마을

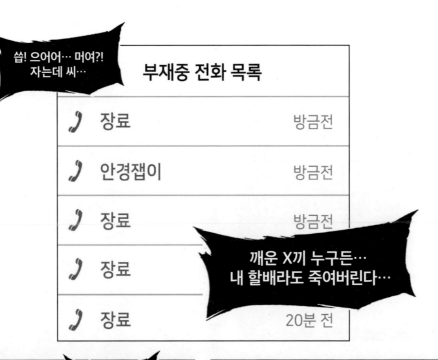

씁! 으어어… 머여?!
자는데 씨…

부재중 전화 목록

📞	장료	방금전
📞	안경잽이	방금전
📞	장료	방금전
📞	장료	
📞	장료	20분 전

깨운 X끼 누구든…
내 할배라도 죽여버린다…

…엉?

따까리ㅋ장료

장료
대장니뮤ㅠㅠㅠㅠㅠ
전화도못받으실ㄷ정로로위험하신가요

쫌만참으삽쇼ㄴ저짐
진쌤이랑합류ㅇㅇㅇㅇㅇㅇ

연주거위ㅣ—도착ㄲㄲㄲ금방구해드림ㅁ

서주내꺼ㅋ여포
??먼개소리임

기분조ㅠㅎ게몸풀고
여태쳐잣구만ㅋ

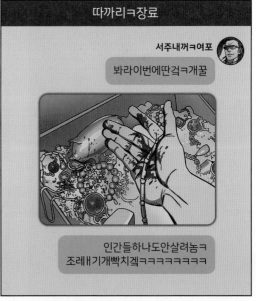

따까리ㅋ장료

서주내꺼ㅋ여포
봐라이번에딴걸ㅋ개꿀

인간들하나도안살려놈ㅋ
조래ㅐ기개빡치겜ㅋㅋㅋㅋㅋㅋㅋㅋ

*〈정사〉 조조, 여포 죽이려고 하다. 분노한 여포, 산적과 손잡고 조조의 연고지인 연주 땅 곳곳을 약탈하다.

엥?

??!!

장료
예??????어??,,뭐지

대장 진짜자지금 위험하신
거아니라고요??????///?//??

서주내꺼ㅋ여포
?//아ㅏㅏㅏ니라고ㅅㅂ
몃번말ㄹ하ㅣㅁ팍시

??야ㄱ그나저나니
외,??연주근처냐

내가니랑ㄲㄲ골통새기한테집지키랫지

장료
그러셧죠구ㅡㄴ데

어떻게암전히 집보고잇겟습니까ㅠㅠㅠ
튀어나왓죠ㅠㅠ ㅠㅠㅠ

대장께서 목숨깔딱깔닥한다는데

서주내꺼ㅋ여포
아니긍가어던   ㄲㄲㄱ가 그런구라를

야잠만

그러뮴ㅁ짐 우리집지키
는새기아무도업냐????,,?

장료
ㄴㄴ안심하십셔

대장의 검증된 ♥찐친♥어르신들이
서주성 딱지키고 잇으시니까는

크으,

이이익…!

그때, 그리고 그때!

죽였어야 했다…

조레기, 귀 큰 놈!
저 씹어먹을 놈들… 싹 다!

…진작 모가지를 몸뚱이에서 뜯어놨어야 해!!!

이… 처죽일 도둑 X끼들아!!!

감히 내 집 털어먹어?! 죄다 가죽을 벗겨줄 테다!!!

흠… 어디서 개가 짖는지?

여기 계신 우리 '유황숙' 어르신이야말로

우리 서주 사람들이 직접 택한! 서주 땅의 참된 수호자!

*〈연의〉서주 호족 진규·진등 부자父子, 여포를 서주에서 쫓아내다. 그 틈에 조조, 서주를 차지하다.
**〈징사〉유비, 서주 대학살 때 조조 손에서 서주 백성을 구하다. 미축, 진규·진등 비롯한 서주 호족들, 유비를 서주 지배자로 추대하다.

집주인이 강도를 몰아내고
다시 집에 돌아왔건만

흠……^^;
그게 왜 도둑질인지?

옳습니다! 미회장님!

이 짐승 놈아! 너 따위가 소듕한
울 ♥얼신♥을 죽이려 해?!

…?!!

서, 설마 그때!

숨어 있던 절…
탈출하도록 도우신 게

진규, 진등 어르신!
두 분이셨습니까…?!

*〈연의〉 미축, 여포에게 활 쏘다. "이 서주성은 본디 우리 주군(유비) 것인데 잠시 빼앗겼다. 이제 돌려받으러 왔다!"

*〈연의〉진규·진등 부자, 여포에게 호통치다. "우리는 나라의 신하인데, 어찌 너 같은 도적놈과 손잡으랴?"

167

다시 만난 삼형제

다시 만난 삼형제

이런!

빌어먹을?!

망할!
거리가 너무 가깝다!
칼날이 이토록
또렷이 보이건만…

…!!!

다가오는 죽음을…
피할 수가

없

휘

쩡!

…어억?!

크

땅!

*〈연의〉여포, 극적으로 조조와 유비에게서 도망치다.

유공, 빨리!!!

관우, 장비에게 목숨 걸고
추격하라 명하시오!!!

··········
··········

여봐라! 아우들을 성안으로 들여라.
내 직접 위로하고 쉬게 하리라…

뭐 인마?! 여봐요,
어르신!!!!

노여워 마십쇼!
이 유비가…

조조 어르신께
빌붙어 사는 처지에 어찌

비싼 밥 얻어먹고 허튼 데
에너지 쓰겠습니까ㅠㅠ?

나?! 어디긴 멍충아!
당신이 이사하자며~?!

우리 먼저 새집 와서 짐 풀고 있었지!

이삿짐 트럭 데리고!

…여기 장난 아냐.
사방이 논밭이고
물도 넘쳐나!

마치 나 보란듯, 재수없게 펄렁펄렁…

하늘에서 흩날리기 시작한 눈송이를!

기수沂水와 사수泗水, 두 강줄기가 만나는 풍요로운 땅

여포의 새 근거지, 천혜의 요새 하비下邳

아이~ 여장군! 아니, 여포형! 왜 이래~?

서주성 탈환전으로부터, 수 개월 후

내가 미안했다니깐?! 문 한번만 열어주쇼~!

직접 형님 얼굴 뵙고 사과드리고 싶어서 그래~!

*〈정사〉 여포, 하비성 들어가 문 잠그고 버티다. 조조군, 뜻밖에 싸움 길어지자 추위와 굶주림, 물자 부족에 시달리다.

*〈정사〉 조조, 허도로 돌아가고자 하다. 순욱, 반대하다.

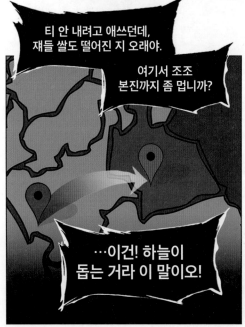

*〈정사〉진궁, 조조군 약해진 틈 타 습격하자고 호소하다.
**예주 허도에서 서주 하비성까지의 거리 : 대~충 서울에서
부산까지의 거리.

*〈정사〉여포 아내, 진궁 의심하다. "못 믿을 놈이다. 조조가 널 갓난아이처럼 아꼈는데도, 넌 그자를 배신하지 않았더냐?"

딸 업은 여포

딸 업은 여포

쏴봐, 쏴보라고!
이 정신 나간 놈아…

왜?! 저 빌어먹을 안경잽이가…
제 주군 둘이나
잡아먹은 것도 모자라,

기어이 울 여보 죽여서
쓰리쿠션 달성하고 싶다잖아?!

엥…?!!

뭐야?
쟤 어딜 겨눠…

어?

이노옴!!!

조조야!!!!!!!!!!

하 비

하! 꼴이 그게 뭔데?
몰라보게 세어버린 머리카락!

쯧쯧, 아주 폭삭 늙으셨어. 응?

비실비실하니 산송장 다 되어선.
전엔 무거운 짐도 번쩍번쩍 들더니…

그렇게 담배 좀 끊으시라니깐?

오케이! 알았어.
내 선생 뜻 잘 알았으니깐!

애처럼 떼 그만 쓰고
일루 내려오셔.

쪽팔리신 건 알겠는데!
센 척할 때야, 지금?!

얼른,
나한테 빌어…

내가 틀렸고
조조 당신이 다 옳았다고!

죽어라,
이 괴물아!

빨랑 엎드려 빌란
말이야아아아아아아아!!!!

진선새—앵!!! 내가… 당신,
죽여버릴 거야아아아아아악!!!

마님! 장군!
믿어주십시오.

이 진궁,
딴맘 추호도 없습니다…
조조는 제 적입니다!

그러니 제발! 나가서 싸우십쇼.
그래야만 사십니다, 장군…!!!

흐, 흥!
까불고 있네!

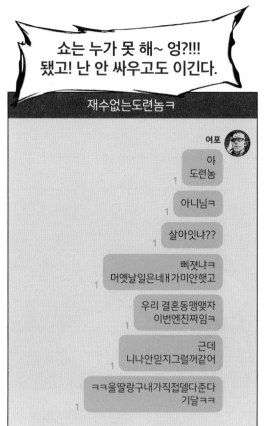

*〈정사〉 여포, 다급해지다. 자신이 배신하는 바람에 피 봤던 원술에게 새삼 화해하자 매달리다.
**〈정사〉 여포, 자기 몸에 딸을 묶고 친히 원술에게 향하다.

미안해. 정말로 미안해…

조카님, 잠깐!

지금은 안 됩니다.
나중에 하세요.

급한 보고란 건
압니다마는,

주군께선 조금 전 일로
너무 흥분하셨어요…

· · · · · · ·

*조조군 참모. 순욱과 순유는 같은
대명문가 순씨 집안 출신. 순유가
나이는 6살 많지만 항렬로는 순욱
의 조카뻘이다.

머칠 전

요 머칠간 조카님께선

조조군 전략기획방

순유 선생님
선생님들.
제가 궁금한 게 있는데.

물은 높은데서 낮은데로 흐르죠?

정욱 선생님
???

순욱
예?

곽가 선생님
엥ㅋㅋㅋㅋㅋㅋㅋㅋㅋㅋ
ㅇㅇㅇ당연히???

참으로 이상하셨지요.

점점 불리하게 돌아가는 전황…
날카로워진 책사들이 언성 높이며,

여포에게 반격할
작전을 짤 때도…

출출하네…

저희
컵라면 남았던가요,
조카님?

물은 반드시 높은 데서
낮은 데로 흐른다……

…조카님?

하비를 둘러싼 두 강줄기,
기수강과 사수강.

북쪽은 산지이니 물은
나지막한 반대편으로
흐를 터…

물바다 된 하비성

아뇨? 숙부!

헛소리 말아요.

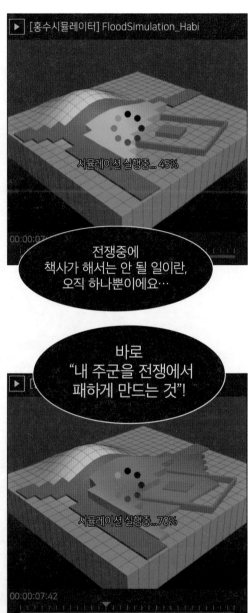

[홍수시뮬레이터] FloodSimulation_Habi

시뮬레이션 실행중... 45%

00:00:07

전쟁중에
책사가 해서는 안 될 일이란,
오직 하나뿐이에요…

바로
"내 주군을 전쟁에서
패하게 만드는 것"!

시뮬레이션 실행중...70%

00:00:07:42

*〈정사〉 기수와 사수를 터뜨려 하비성을 무너뜨리는 계책은 사실 순유가 낸 것이다. 〈연의〉에서는 곽가의 계책으로 나온다.

*內政 : 나라 안을 살피는 일. 토지, 세금, 행정, 교육 등.
**外政 : 나라와 나라 관계를 살핌. 국방, 외교, 군사 등.

여포는 아무것도 못 해.
우리가 이긴다고요…!

털썩..

수, 숙부?!

괜찮아요? 뭐야,
왜 맥아리가 없어?!

덜덜..

뭐위
으어….

여, 염려 마세요.
조금 어지러워서요.

요 며칠 자지도
먹지도 못한지라…

조카님… 맞습니다.
우린 이겨야 해요.

여포를 물리쳐야
마음놓고 원소와 싸울 테죠…
그러나!

오늘의 날씨

어제	오늘	내일
개추워요	개추워요	개추워요

하비엔 수많은 사람들이 산다.

이 매서운 추위에 수해까지 입어서야
도저히 버틸 수 없을 터!

곧 저희 백성 될
사람들이잖아요?

자비를 베푸세요.
더 좋은 전략이 있을 거예요…

…여보세요~?!

아이고! 어르신~
괜찮어 안 죽었니!

어어~ 존경하는
우리 회장님~!

편히 쉬고 계십니까?
서주도 꽤나 춥네 그래~!!!

유황숙은? 아이고~ 아우님들이랑
목욕탕 가셨어? 살판나셨네~!

나? 나 일하쥐~ 막 여포군
포로들 토막 좀 쳤수다!

~~~?~~····

뭐어… 이젠 쓸모없잖어~?
화친*은 물건너갔구~ㅋㅋ

자중그룹 회장 미축

*和親 : (주로 나라와 나라
사이에) 다툼 없이 서로
가까이 지냄.

*〈정사〉 조조, 순유가 낸 계책을 채택하다. 대대적인 공사로 하비성을 물바다 만들고자 마음먹다.

엉? 왜냐니? 아이~ 회장님! 이 조조가 하는 일인데!

다 나라와 황실과 백성을 위한 거쥐~ㅎㅎ

…예예~ 잘 좀 부탁합시다! 예에~!

고마워, 진선생…

선생께서 마지막으로 귀한 가르침을 주셨어.

옳은 길이란 없어. 내가 택한 길이 옳은 길이지!

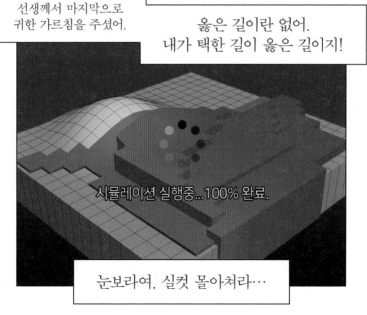

시뮬레이션 실행중…100% 완료.

눈보라여, 실컷 몰아쳐라…

비명소리에 묻혀,
너 들리지조차 않으리라!

어흐으~ 추워라!
영수증 버려드릴까?

아뇨? 주세요!

하비성 안쪽, 시내 슈퍼
하비 백성들

어억! 별거 안 샀는데
잔액 백 원 실화?!!

아유 요샌 다 비싸요~
들어오는 물건이 없잖어~!

조조 고 썩을 놈 땜에~ㅠㅠ

[최저가] [무항생제] 유기농
행복한 닭의 낳은 유정란

옵션 : 색상 (칙칙한 나무색)

전쟁으로 재고수급 불가능
양해 부탁드립니다ㅠㅠ

그래도 우리 하비는 사정이 낫지. 포위돼도 먹고살 순 있잖아~? 성인예시 자급자족이 되니까는~!

그러게요~ 그건 진짜 다행ㅠㅠ

[최저가] 20롤 +2개 증정 (무형광) 뽀송...

쯧쯧! 그래두 전쟁이 얼른 끝나야지~!

여포 장군님두! 헛짓 그만하시구 항복하지, 원~? 애만 불쌍해~!

집중취재! 딸 안고 싸우는 여포

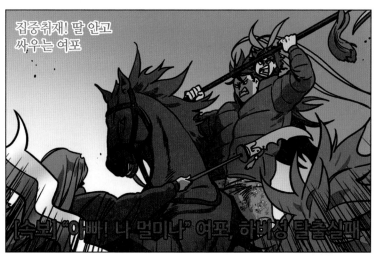

[속보] "아빠! 나 멀미나" 여포, 하비성 탈출실패

*〈정사〉여포. 원술과 결혼 동맹 맺으려 직접 딸을 이불에 싸안고 하비성 뛰쳐나가다. 그러나 조조 측에 번번이 가로막히다.

* 人中呂布 馬中赤兔.

여포 근거지
하비 외곽

기수-사수
공사장 제1공구

음?!
어엇…?!
지반이…

야! 스톱스톱!
작업 중지!

명령 내려왔다!
이제 다 됐으니깐…
장비 냅두고
빨랑 철수하라신다!!!

장료의 고백

한번 타오르면 순식간에
가장 높은 곳을 향해 솟구치는 법!

VIP실

일났으니깐…
빨랑 좀

돌완오지마!

나와보십셔어
어어어어어!!!!!!!!!!

하비성, 여포 집무실

으, 으어어!

대장!!!
방안에 계신 거
다 알거든요?!

여포 부하
장료 字 문원

여포장군님!!! 이 사태를
어떻게 수습하실 겁니까?!

캥!

캥!

캥!

이 겨울에 시내가
물바다가 됐는데요…!

♥존경하옵는 대장님♥

데굴…

캉!

캉!

캉!

끄으으…

조조와 화해하기로 한 거 아녔습니까?!

백성들 불만이 폭발했습니다! 지지율 바닥 쳤는데 심경은요?!

전화를 받을 수 없어…

…!!!

아, 아이고~ 울 대장! 쓰러져 눈 붙이시나보네에~?!

밤새 대책 짜시더니이~ (눈물)

오키오키 기자님들! 쫌만 기다리십쇼~ 응?!

뚜비니…

책사 진궁쌤

저 같은 졸개가 뭘 알겠어ㅠㅠ? 똑똑한 분 모셔오겠습다ㅇㅋ??

*〈정사〉 여포, 절망하다. 하비성에 틀어박혀 술만 마시다.

옙, 쌤! 저 장료임다…
짐 어디 계심까ㅜㅜ?!!

시내가 한눈에 보이는
하비성에서 가장 높은

망루 백문루白門樓

!

아이고~ 장씨.
추운데 왜 나오셨어?

…이건 뭐고?
피우지도 않으시면서.

으핫핫!
아랫것들 뺑뜯었죠~!

이젠 이런 것도
귀해질 거 아닙니까?
한 개비에 십만 원에 팔아야지 ㅋ

허~ 보물이네.
이걸 나 줘도 돼요?

옙! 쌤
기운 차리시라고요.

정줄 놓으신 것
같아서 말임다.

맘먹은 대로 안 되니깐
세상일 아니겠슴까?

제가 배운 바는 적어도,
쌤 똑똑하시고 바르시고…

저희한텐 아까운 분인 거
잘 알고 있슴다!

에구구~ 장문원씨!

삥

바스락…

이것보다 그 말이
참 고맙다.

내 고이 모셔만 둘게.
피우지는 않구.

섭일聶壹?

암, 당연히 알지!
수능 단골 문제잖어?

BC133년 마읍전투*!

문서　토론

마읍전투

우익기백과, 백성 모두의 백과사전.

기원전 133년 전한 무제때, 흉노와 병주 마읍에서 붙은 사건

우익기백과

마읍사람 섭일이 좋은말로 속여 흉노를 마읍땅에 끌어들였으나
비밀계획 들통나 습격 실패했다. 흉노와의 70년 평화 깨지다.

그때 몸 던져 나라 지킨
양반이잖아.

쫄딱 망하긴 했지만.

캬~ 역시 쌤!
척하면 척이시네~!

어엉?

나 참!
사람 생뚱맞긴…

*馬邑之戰 : BC 133년에
시작되어 BC 90년까지
43년간 이어진 한나라와
흉노 간 전쟁.

북쪽 변방
병주 마읍현

어린 장료

근데 막 철들 즈음에 엄빠가 저한테 이러더라고요?

료, 사실 니 이름은 장료가 아니라

'섭료'란다!

우리 조상님들은 훌륭한 분들이셨어.

나라와 황제폐하께 충성을 바치셨지.

비록 모든 걸 잃고 적들에게 쫓기는 몸이 되셨지만···

*섭씨 집안, 흉노에게 복수당할까봐 성을 장씨로 바꾸어 살다.

료야,
이걸 교훈 삼아

장차 훌륭한 사람
되려무나, 알았지?

진쌤, 아시죠? 제가 배운 건
적어도 머리는 짱 좋은 거!

아~ 근데 모르겠더라고요.

대체 이 이야기에서

내게 뭘 배우란 거지?!

나라와 황제 위해 힘썼는데
왜 재산도 이름도 잃어요?

그러는 게 어딨어요?

씨익…!

씨익…!

야~ 이거는 사기죠, 사기!

막 "정의고 나발이고 다 헛소리!"

"나만 잘살면 그만!"

…그러진 않았슴다ㅋㅋ 막 나가기엔
좋은 친구도 있었겠다, 저도 워낙 영리했어서.

다만
이거는 알겠더라고요.

*장료와 관우는 어릴 적 고향 친구라고.

*〈정사〉 장료, 병주 군벌 정원(여포의 첫 주군이자 양아버지) 밑에 들어가다. 여포가 정원 죽이자 동탁군에 들어가다.

뭐, 그래.
허구한 날 목숨 걸고
싸우는 군인이니

죽음 각오한 건 가상하다 쳐.
근데 여한마저 없으면 써?!

장문원씨, 죽음은
멋진 거 아냐.

죽음은
슬픈 거야!

암! 너, 나, 우리 모두 험한 세상
치열하게 산다. 그게 왜 잘못이랴?

허나, 내 탓에 죽은 수많은 이들에게

죽은 사람은, 두 번 다시
돌아오질 못한다고…

내일은 오지 않으리라. 영원히…

추운 겨울, 물에 잠긴 하비.
영영 봄이 오지 않을 것만 같았다.

그러나 모든 건 변하는 법.

두 달쯤 지나니, 고였던 물이 빠지고

드디어 성 바닥이 드러났다.

변한 것은
사람도 마찬가지였으니…

뭐, 뭐야 이거…?!

내, 내 팔 왜 이래…

내, 내 상완이두랑 삼두…
승모 어디 갔어?!!

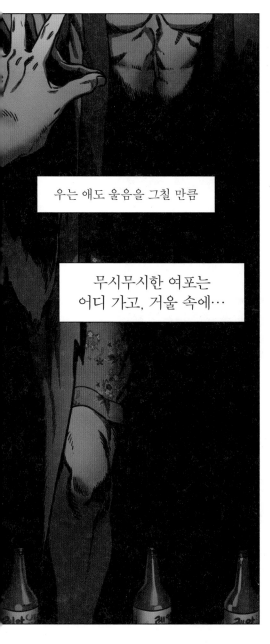

우는 애도 울음을 그칠 만큼

무시무시한 여포는
어디 가고, 거울 속에…

이런 산송장이 서 있냐
이 말이야!!!

으, 어어…

*〈연의〉 여포, 하비가 물에 잠기자 술만 마시다. 변해버린 자기 모습 보고 크나큰 충격받다.

이, 이럴 리가
없어…

흐, 흐흐!

절그럭…

내가 여포다…
천하무적 여포!

무기를 잡으면 몸이
싸움을 기억할 터……!!

끄, 끄흐,

끄흐으으으으으응~!

이러언,
비이러먹을…

허억, 헉……

스스로 불러온 재앙

*〈정사〉여포 부하 후성, 군사들에게 말 15필 기르게 시키다. 그러나 군사들이 몰래 말을 유비에게 바치려 하자 손수 되찾아오다.

*〈정사〉여포 부하들, 후성이 세운 공 축하하며 술 빚고 돼지 잡다.
먹기 전 여포에게 술과 안주를 먼저 바치다.
"장군님 덕분에 잃어버린 말 되찾았습니다. 작으나마 바칩니다."

*〈정사〉 여포. 근거지인
하비 전체에 금주령 내리다.
《〈연의〉에서는 술 때문에
추하게 변한 자기 모습에
놀랐기 때문이라 하나.
옛날엔 전쟁 및 기근 시
식량 확보를 위해 술 빚는
걸 금했다.)

*〈정사〉여포, 부하들을 사형하고자 하다. "내가 술을 금했는데 너희끼리 형제처럼 먹고 마시다니, 날 죽이기로 공모라도 하는 것이냐?"
**〈정사〉여포 부하 후성과 위속 등, 벌주지 마시라 싹싹 빌다.

어, 어흠!
내 오늘만 봐준다.

찌질한 X끼들, 크큭!
인상 좀 썼다고 쫄긴…

콱씨! 알어 몰라?! 조레기
죽이면 내가 이 구역 갑인 거!

깜 짝!

눈 깔고 쥐죽은듯 다녀~ 엉?!

…!!!!

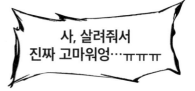

여봐라~
고 사기꾼 목을 쳐라!

난 도로 자러 가마. 어흐,
나이드니 뼛속까지 시리네~…

?! 어, 어르신!!!

어르시인~~!!!

망할, 귀신같은 여포놈!

감히 날 떠봐? 이 타이밍에?!

오냐, 지금 유리한 건 나다.

하비성이 물바다 된 이후,
적들 사기는 눈에 띄게 떨어졌다.

허나!

내겐…
시간이 너무나 부족해!

조조군 전략방

조조

나원 벌써 새해야?? 여포놈
상투만 잡다 한 해 다 갔구먼ㅉㅉ

정욱 선생님

그러게나 말입니다~떡국두 못먹구~~
전쟁터에서. 나이만 먹엇지요 에비~ㅜㅜ

그래서 말씀인데. 어르신.
집에 가실가요? 세배 받으러.

조조

????

정욱 선생님

저희가 허도. 너무 오래 비워두엇지요.
원소가 뱀처럼. 북에 도사리구 있는데.

조조

선생님. 그래도 철군이라니??

여포놈 이제 끝입니다 분위기 나한테
넘어온거 다 아시잖습니까 이번에

정욱 선생님

어르신. 분위기구 무엇이구.

사람이 근거지 뺏기면 쫑입니다 쫑

원소가 공손찬. 처치 초읽기라는데,
담엔 당근. 우리 때리지 않겠는지??

젠장맞을…
뭣들 하느냐?!

당장 저놈을
죽이라니까는…

244
삼국지톡

…???!!!!

똑똑한 옛사람이 말했다.

우두머리는 포커페이스여야 한다고.

그러나 마음 있는 자라면,
이 아름다운 맹수를 보고…

어찌 감탄하지 않을까!

*〈한비자〉 "윗사람은 감정을 드러내어선 안 된다. 신하는 주인 표정 읽으면 아부하고, 나아가 우습게 보기 때문이다."
**〈연의〉 여포 부하 후성, 여포의 명마 적토마를 훔쳐 조조에게 바치다.

헤, 헹! 관심
없으시다더니…

어르신! 침 닦어ㅋㅋ
하비성 또 잠기겠넹~!

이거 드릴 테니깐, 제발
제 말 좀 들어주셈ㅠㅠ!!!

여포의 보물…
세상 하나뿐인 명마, 적토!

이, 이게 왜 여기에?!!!

어르신ㅠㅠ
우리 진짜

참을 만큼
참았음…ㅠㅠ

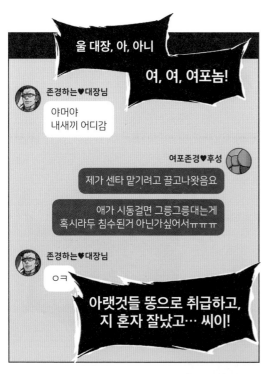

울 대장, 아, 아니
여, 여, 여포놈!

존경하는♥대장님
야머야
내새끼 어디감

여포존경♥후성
제가 센타 맡기려고 끌고나왔음요

애가 시동걸면 그릉그릉대는게
혹시라두 침수된거 아닌가싶어서ㅠㅠㅠ

존경하는♥대장님
ㅇㅋ

아랫것들 똥으로 취급하고,
지 혼자 잘났고… 씨이!

조조 어르신! 이렇게 빎…

저희 여포군, 목숨만은
살려주셈ㅠㅠㅠ!!!

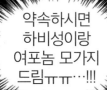

약속하시면
하비성이랑
여포놈 모가지
드림ㅠㅠ…!!!

자랑스러운 여포군이여!
우, 우리가 씹던 껌이냐?!

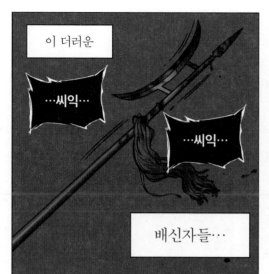

이 더러운

…씨익…

…씨익…

배신자들…

푸흡!

크… 크큭!

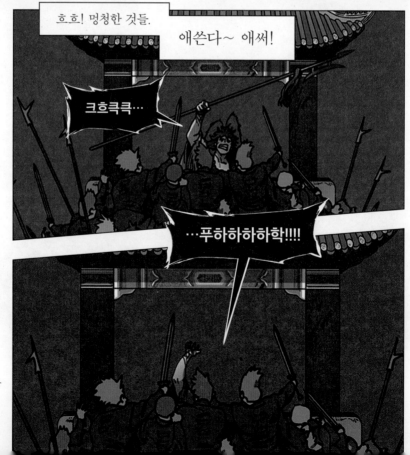

호호! 멍청한 것들.

애쓴다~ 애써!

크흐큭큭…

…푸하하하하학!!!!

*〈연의〉 여포, 방천화극
한 자루에 의지해 수많은
반란군과 싸우다.
먹지도, 쉬지도 못해
꾸벅꾸벅 졸다.

처형대에 선 여포

아이~ 울 회장님! 왜 이러실까~~;;;;?!

소패성

서주, 유비가 지키는 소패

하하! 진짜라니까요? 맘에 쏙 듭니다, 저!

아, 암요~ 보세요!

와하하! 너, 너무 귀여워서 잠금화면 해놨잖아요~;;;;;

작가 : 미축

작품명 : 유비 어르신

흠… 됐습니다. 애써 이 사람 달래지 마시지요!

누구나 잘하고 흠… 못하는 게 있는 법이니.

자중그룹 홍보실장
회장님.고객감사 새해인사말 누가 썼는지요?

썩은개그,엉망진창 맞춤법...다신 그룹차원에서 글쓴이에게 일 맡기지 않겠습니다.

미축
흠,,,내가 썼는데,,,

자중그룹 홍보실장
머리 박고 있겠습니다.

*〈정사〉 미축, 활쏘기와 말타기 잘했으나 글쓰기는 부족했다고. 「미축전」

뭐, 세상은 불공평하니

무예도 뛰어난데 흠, 딴것두 곧잘 하는

팔방미인이 있긴 합니다만…

작품명 : 유비 형님

작가 : 관우 字 운장

이야~ 둘째 동생! 대반전!!! 이런 재능이 다 있었어?!

…그냥… 잔재주임…

ㄴㄴㄴㄴㄴ대박임 대박. 내 얼굴도 만들어주라!!!

하하! 글게 말임다!

전 복도 많죠~ㅠㅠ 아우가 저리 맘씨 착해, 손재주 좋아~…

*〈정사〉 관우, 예술 감각 뛰어났던 모양.
대표작으로 〈관제시죽關帝詩竹〉이라는 시서화가 있다.

어디, 우리 둘째뿐이게요?

성질 급한 막내도 사실…

알아주는 똑똑이라니깐요?

저렇게들 좋아라 하는데~

고생만 죽어라 시키고.

내 사람들.

내가 가장 추레하고 힘들 때

오히려 내 곁을 지킨 소중한 이들!

하하! 우리 중에 못난 건 이 유비뿐이니,

저만 바보짓 안 하면… 모두 등 따시게 살겠군요!

여보야?

*〈정사〉 실존 인물 장비, 저돌적인 이미지와 달리 학문 갈고닦았다고.

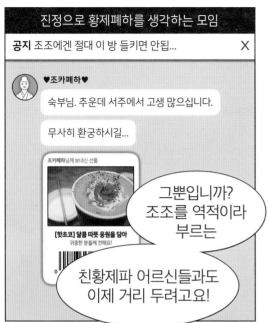

진정으로 황제폐하를 생각하는 모임

공지 조조에겐 절대 이 방 들키면 안됩...   X

♥조카폐하♥

숙부님. 추운데 서주에서 고생 많으십니다.

무사히 환궁하시길...

조카폐하님께 보내신 선물

[핫초코] 달콤 따뜻 응원을 담아
귀중한 분들께 전해요!

그뿐입니까?
조조를 역적이라
부르는

친황제파 어르신들과도
이제 거리 두려고요!

여보야…

왜 모르겠어요?
어린 폐하 타는 속을.

내 눈칫밥 먹은
세월이 얼만데.

이 방의 알람을 끄시겠소?   X
다른 참여자들은 알 수 없소이다.

예   아니오

또 '유황숙'이 아닌 난
촌뜨기 유비일 뿐이지만!

그래도 이건 아냐.

조조 손아귀에 잡혀 있는 주제에,
조조를 거스르겠다?! 자살 행위다!

사실 말이 좋아
조조의 손님이지,

소패성

전군! 개미 한 마리
들지도 나지도 못하게 하라!

난 꿰다놓은 보릿자루일 뿐.
모든 건 조조군이
통제하고 있잖나?

소패성

예엣!!!

조조 친척 동생 겸
충성스러운 장수
하후돈 字 원양

*〈정사〉하후돈, 여포군과 싸우다 한쪽 눈 잃다. '맹하후(눈 안 보이는 하후장군)'라 불리다.

북방의 귀신, 공손찬.

천하에 적이라곤 없던
백마장군의 몰락이 다가왔다.

반전 따윈 없이 원소가 이기겠지.

하늘과 백성이 공손찬을 버렸으니!

뉴스 > 기주데일리

[속보] 귀신 공손찬, "더는 버티지 못해"
프린스 원소, 역경루 완전포위… "체크메이트"

그럼 다음 타깃은 분명 조조일 텐데…

ㅎㄷㄷ… 괜히
줄 잘못 탔다가
'프린스 원소'한테
찍히는 거…?

미친. 야! 그럼 어째;;;;;?
조조 걔도 손절 쳐야 함?!

♥조조 어르신♥

?!

허헙?!

귀신도 제 말 하면 온다더니…!!

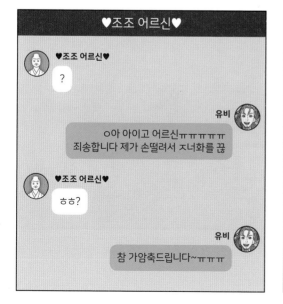

♥조조 어르신♥

♥조조 어르신♥
?

유비
ㅇㅇ아 아이고 어르신ㅠㅠㅠㅠ
죄송합니다 제가 손떨려서 ㅈ녀화를 끊

♥조조 어르신♥
ㅎㅎ?

유비
참 가암축드립니다~ㅠㅠㅠ

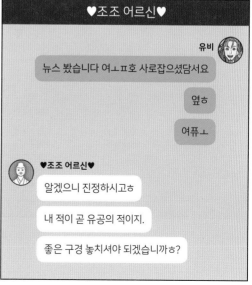

♥조조 어르신♥

유비
뉴스 봤습니다 여ㄴㅍ호 사로잡으셨담서요

옆ㅎ

여퓨ㄴ

♥조조 어르신♥
알겠으니 진정하시고ㅎ

내 적이 곧 유공의 적이지.

좋은 구경 놓치셔야 되겠습니까ㅎ?

당장 여기로 튀어오도록!

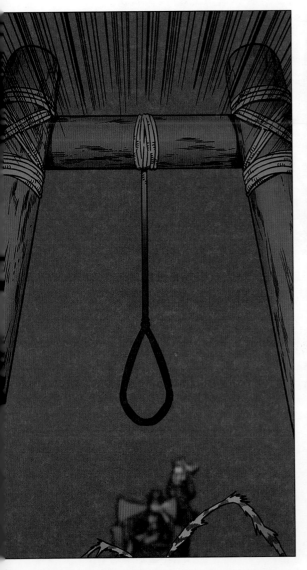

허! 나 참.

거 웃긴 양반일세?

처형대에 선 여포

꺼헉!!!

야 어르신!
니 맘 다 알거든?!

똥폼 그만 잡어~ㅋ
내가 다 창피해 인마!!

어억?!!

호랑이를 묶은 줄

……

…오호라?

!

흠음…

어, 어엇?
왜 두고 보시지?!

저 건방을
떠는데도…

하, 하긴! 나라도 고민하지.

아까워서 어떻게 죽여?

천하의… 여포인데…

*〈정사〉조조, 여포 간청에 머뭇거리다.

*〈정사〉여포, 기병은 자신이 지휘하고 보병은 조조가 이끌면 천하를 평정하리라 장담하다.

우리 쪽 오합지졸에 비하면
그쪽 애들은 날아다니데~?!

어, 어르신…?!

특히 그… 함진영인가?!
어이구, 치가 다 떨려~!

크하핫! 당연하지!
누가 대장인데?!

어르신! 나 좀 풀어줘봐.
사업 얘기 하자고!

에헤이~! 호랑이를
어찌 살살 묶어ㅠㅠㅋ?

어엉? 크하핫!
거 맞는 말이네!

뭐, 뭔데?!
분위기 왜 훈훈해?

제, 젠장! 조조놈,
아니 새 어르신

여포한테 한자리
내줄 건가봐~ㅠㅠ!

씨이~! 우리 주욱된 거임?!!

훠오오…

……

*〈정사〉여포, 조조에게 청하다. "줄이 너무 꽉 조여 아프오." 그러자 조조, 너스레 떨다. "호랑이를 잡았는데 어찌 느슨하게 묶겠소?"

……선생님들, 저 먼저 가보겠습니다.

허도로 귀환할게요.

여기선 더 할일 없는 것 같으니.

어허! 순선생, 어딜 가? 수훈훈장 받으셔야지!

오늘의 주인공께서 빠져서야 써?

조조군 전략방

 조조 어르신

수고들 많았습니다

이번 서주정벌 일등공신 누가 뭐래도 우리 순유선생이지ㅎㅎ

지금까지도 앞으로도 선생같은 천재 없을것.

*〈정사〉 순유, 강둑 터뜨리는 전략으로 여포 무너뜨리다.
조조, 순유 극찬하다. "어떤 전설적인 현자가 다시 태어나더라도 순유만큼은 되지 못할 것이다."

황제폐하 안전이
걱정되어 그럽니다.

정선생님께서 대신
좀 받아주세요.

이겨서 기쁘다. 그러나

빨리 이 자릴… 벗어나고 싶어!

여포를 받아들여? 허!
말도 안 되는 소리.

…어르신

이러실 겁니까?
알 만한 분께서 왜!

여포는 분열을 초래할 거다.
우리 측에 반여포파 얼마나 많은가?

모든 것을 여포에게
빼앗겼던 자들이 가만있을 리가!

거기다 저자는 동탁을 죽였어.
온 나라가 기억한다.

과연 어르신이… 여포와
충신이라는 브랜드를 나눠 먹을까? 설마!

*〈정사〉 여포, 연주에서 조조에게 반란 일으키다. 그때 여포 편이 되지 않은 연주 사람들 많이 죽다.
이때, 조조군의 장수 이전 역시 가족들을 잃었다.

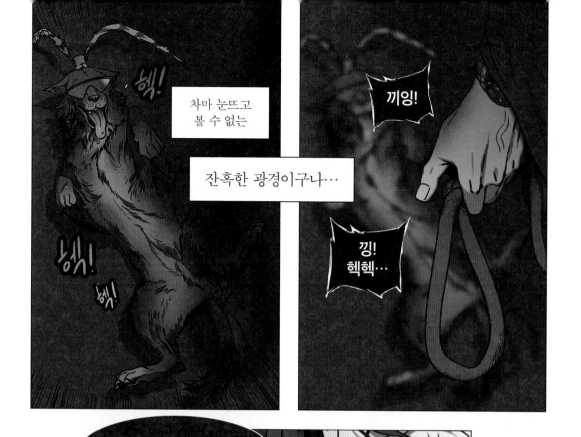

아님 죽여버릴까?!

저기 우리 여장군을
살려드릴까~

믿지 못할 귀 큰 놈

…네놈이 정말
이 조조의 사람 맞는지!

야! 동생~!
뭘 맹하니 서 있냐?!

옳지! 잘 졸라봐라.
울 엉아 풀어주시라고~!

형술 고프다~ㅋㅋ

어르신,
여포를 거두었던…

촥닥…

정원과 동탁의 최후를
잊으셨습니까?

*〈연의〉여포, 유비에게 청하다. "내가 원술 손에서 그대를 구한 걸 잊었소? 나를 풀어달라 공(조조)께 말씀 좀 해주시오."

한번 배신자는 영원한
배신자입니다.

…존엄한 황실에 어찌 저런
의리도 모르는 짐승을 들이리까!

…합격!

잘 생각하시지요,
어르신!

어?

*〈정사〉여포, 유비를 손가락질하며 소리치다. "저 귀 큰 아이야말로 가장 믿지 못할 놈이로구나!"

카학!

컥!

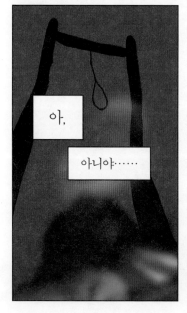

아,

아니야……

덜덜…

세상 그 어떤 죽음도
내 몫은 아니란 말이다!

…어어어아아아아아악!!!

오호통재라!
비록 적이었으나.

큰 사람이 가는구나~ㅠㅠ

보내신분	서주 하비 조조
받는분	허도 황궁 황제폐하

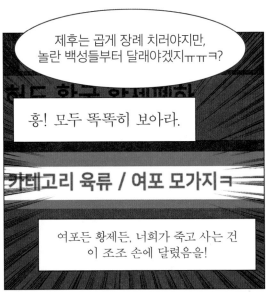

제후는 곱게 장례 치러야지만,
놀란 백성들부터 달래야겠지ㅠㅠㅋ?

흥! 모두 똑똑히 보아라.

카테고리 육류 / 여포 모가지ㅋ

여포든 황제든, 너희가 죽고 사는 건
이 조조 손에 달렸음을!

어흐으~
춥다.

뭣하나? 빨랑 다음
죽을 놈 끌고 오라!

싸게싸게 정리하고
허도로 돌아가자…

어르신?!

*〈정사〉 조조, 여포를 목 졸라 죽인 후 머리 베어 수도인 허도로 보내다. 모두가 잘 볼 수 있게 걸어두다.

으하핫! 비싸신 몸, 드디어 뵙는군!

진선생…

이거야말로 선물이 따로 없구나!

어떤 표정이실꼬? 내게 기어이 패한 게 분하여…

비통한 눈물 뚝뚝 떨구시려나?

크흑! 하늘이 날 버렸구나!

믿지 못할 귀 큰 놈

이 살인마! 귀신 되어서도 네놈을 쫓아다닐 테다!

아니, 아니지! 울 선생이 누군데?

활어처럼 팔팔 뛰셔야지, 암!

내 즐거이 감상해드리지!

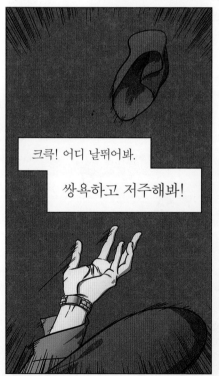

크큭! 어디 날뛰어봐.

쌍욕하고 저주해봐!

선생…

……

하하!

진선생…

쿠쿡! 볼만하군.

선생, 딴놈들은 몰라도 나만은 알아.

푸핫! 아주 속에서
천불이 나셨어~ 응?!

?!! 어, 어르신!
물러서십시오!

어허, 이놈들!
쉬이잇~!

내가 왜 어르신이냐?
그런 소리 말아라!

울 선생 빡쳐서
뇌혈관 빵 터질라…

어?

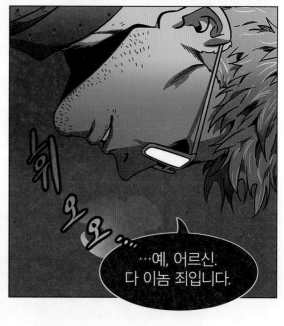

…예, 어르신.
다 이놈 죄입니다.

*〈정사〉 진궁, 조조에게 실망해 배신하다. 여포가 조조를 '어르신'이라
부르자 화내기까지 하다. "그딴 자가 무슨 어르신입니까!"

그간의 제 잘못,
용서치 마시옵고

엄히 벌하소서!
어르신!

뭐, 뭔데…

무섭게 왜 이래? 어?
죽기 전에 인심 좀 쓰자 싶어?

조조

선생. 내가 선생 너무 싸고 돈다고
뒷말 많더군. 보스 체면이 안 서

이제 문장 다나까로 끝내시도록.

진선생ㅋ
알았다ㅎ

이러면 되나ㅎ?

조조
때려쳐

진선생ㅋ
그럴까ㅎ?

예. 이 진궁, 신하가 되어
주군들께 충성하지 못했으니

죽고 죽어 마땅합니다!

부들…

이익!
저, 저 똥고집…!

부들…

*⟨정사⟩ 연주 토박이 진궁, 조조에게 근거지 마련해주다. 조조, 그런 진궁을 마치 어린아이 대하듯 귀히 여기다.
**⟨정사⟩ 진궁, 조조 보란듯이 '어르신'이라 부르며 깍듯이 대하다. "신하가 되어 충성하지 못했으니, 죽는 것이 제 운명입니다."

어르신.
끝났습니다.

조조군
사형 집행인

엉?!
뭐, 뭐가……

…!!!

…푸하핫!!! 암!
선생, 죽어야 하고 말고.

진궁 vs. 조조

내 말 좀 들어주지…
이 진궁에게
기회 좀 주지!

여포의
충성스러운 부하
고순
(함진영 대대장)

여봐라. 왜 저자뿐이냐?
포로들 싹 끌고 오라니까.

소, 송구합니다
어르신!

고순 부하들 모두
스스로 목숨 끊은지라…

어떤 군인도
주군보다

오래 살아선
안 된다.

*〈정사〉 조조, 진궁 비웃다. "그대는 지모가 뛰어나다 자부하더니, 결국 패했으니 어쩐 일이오?"
진궁, 답하다. "이 아이(여포)가 제 말을 따랐으면 이리되지 않았을 겁니다."

*〈정사〉 조조, 고순을 참수斬首(목을 벰)하다.

내가 이겼어.
당신은 졌고!

큭큭! 얼른
싹싹 빌어.

얼른!!!!!

조조… 당신!

아이고야~
그렇구나!

뭐, 뭐야.

뭘 쪼개셔, 엉?

으아아아아아아아악!!!!!!

뚝…
뚝…

20년쯤 전

진궁
신혼 부부 시절
(feat. 육아 전쟁)

아내
채권

딸
숙淑

우어어어우으으으
어어어어어어억

여, 여보. 애기는…
귀엽게 응애응애
우는 거 아니었어?

왜… 포효를 하지…?

몰라…
병원에서 사자랑
바뀌었나봐…!

!!

그땐 다 처음이라, 아내도 나도

아~무것도 몰랐더랬다.

그래서 급히 도움을 청했는데.

엉? 푸핫!

그뒤에도 딸내미는 울어댔고,
우리 부부는 여전히 힘들었지만

마음만은 홀가분했다.

아 그만하라고오~!
아빠 같은 얘길
15년을 해 이씨!

딸아,
아빠 네게 배웠다.

사람이란
모르면 겁먹고,

겁나면
화낸다는 것을!

*〈정사〉조조, 한때 자기 책사였던 진궁을 조롱하다.

주인 위해 제 목숨 불사르는 충忠.

이건 옳지 않아!

오로지 올바름을 따르는 의義.

그리고 아직… 허접하고 미약하나

마음으로
뭇사람을 대하는

인仁!

여포, 고순, 진궁…
한때 적이었지만

당신들 최후를 끝까지
눈에 담겠다!

절개節槪, 지조志操.

죽음으로도 꺾지 못하는,
약자가 품은 큰 뜻!

이만 물러나겠습니다,
어르신.

그걸 알려줄게,
조맹덕씨!

어서 저를 죽여
군법을 바로 세우십시오!

*〈정사〉 진궁, 조조에게 단호히 청하다. "저를 죽여 군법을 세우십시오."

허! 선생, 끝까지
허세 부리시겠다~?!

☎ **어무이**	01:27
☎ **어무이**	03:12:08
☎ 어무이	부재중

다, 당신… 고향에 어머니
홀로 계시잖나!!!

☎ 어무이

아들이 죽일 놈이면
댁 어머니도 죄인이겠네, 어?!

글쎄요. 다
어르신께 달렸지요.

뭐, 훌륭한 사람은
노인한테도
잘한다 합디다마는.

곧 죽을 놈이
뭘 알겠습니까?
이만 물러나겠습니다…

잠깐!

그럼 딸내미랑

와이프는
어쩌시게?

*〈정사〉 조조, 진궁 어머니 들먹이며 위협하다. 진궁, 답하다. "장차 효도
로 세상을 다스릴 사람은 남의 어버이를 해치지 않는다 했습니다. 어머니
목숨은 어르신 손에 달려 있을 뿐입니다."

서, 선생 가족들한테 끔찍하잖나.

둘 다 평생… 차디찬 감옥에서 썩혀줄까, 어?!

제발 무릎 꿇어, 진선생!

젠장! 한 번만 나한테 빌어. 왜 이리 말을 안 들어먹어?!

칼과 피로 다스리면 모두가 굴복한다며.

그럼 새 질서 만들어서 이 난세 끝낼 수 있다며!

당신이 내게 가르쳤으면서

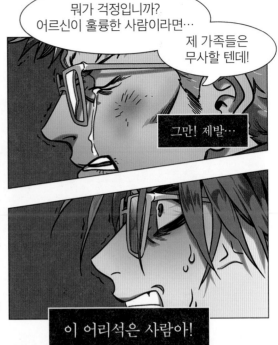

왜 이래? 대체!!!

뭐가 걱정입니까?
어르신이 훌륭한 사람이라면…

제 가족들은
무사할 텐데!

그만! 제발…

이 어리석은 사람아!

됐다. 세상에 말로써 가르칠 수 있는 건 없다.

어차피 내일을 사는 건 내가 아닌
조조, 당신…

그렇다면

잔바람에도
흔들리는 나무에…
어떤 새들이
둥지를 틀겠습니까?

망설이지 마시고!
어서 절 죽이십시오!

몸으로
보이는 수밖에!

*〈정사〉 조조, 눈물 흘리며 진궁 쫓아가다. 그러나 진궁, 뒤돌아보지 않다.

진궁이 죽었다.

아주… 죽어버렸어.

어, 어르신?!

내 힘, 지위 다 동원했는데도…
붙잡지 못하다니?

두렵지 않습니다.

어서 절 죽이십시오!

어디서
잘난 척이야… 응?

더러운 배신자
주제에!

진선생! 끝까지 날 가르치려 들어?

두, 둘째야.

?!

네가 여길 왜 와?!

형수랑 막내랑 같이
집 보라니까!

어서 물러나! 너 있을 곳 아니다…

닥치시오, 유공! 기분 엿 같은데…

여기가 시장판이야? 어?!

…?!!

저자가

왜 여기에…

태산처럼 거대한 몸집.

바람마저 벨 듯한 언월도.

화웅의 목을 친,
관우···

허! ···유황숙,
참으로 실망입니다.

황제폐하 숙부이시나
이 조조 보살핌
받으시는 처지.

한데!

아랫것을
어찌 가르치셨기에

!!!

상전에게 눈을
부라려?

어르신… 이 무례를

?!!

용서하십시오…

오랜 친구 죽음을

보고만 있을 순… 없음…!

형님께도… 죄송…

하지만…

얀마…

무릎 꿇은 관우

고순 어르신…

한솥 짬 먹은 전우들…

그리고,

장문원씨는 살아.

난 그랬음 좋겠네…

진쌤…!

조조… 널 진작

죽였어야 했는데!!!

압니다…
포로들 용서하지
않겠다 하신 것…

허나,

의리 있는…
친구임…

제발,
살려주십시오…

어, 어르신!
잠시만!

*《연의》장료, 조조 저주하다. "너 같은 나라의 도적은 진작 불타 죽었어야 했다!" 《정사》에는 기록 없음

**《연의》관우, 장료 살려달라 애원하다. "장료는 충의지사로 익히 소문난 사람입니다."

······

! 형님…

예, 다 제 죄입니다.
제가 동생을
잘못 가르쳤습니다!

제발! 절 대신
벌하십쇼…

빨리 죽여라! 조레기…

흡?

*〈연의〉 조조, 노하여 앞으로 나서다. 유비, 조조 어깨 잡아 말리다.

유비, 유비, 유비

*〈연의〉조조,
포로로 잡은
장료에게 손수
자기 옷 걸쳐주다.

착한 척, 바른 척!

그게 뭐
대단한 건가?

맘먹으면 누구나 해!

그러나, 흠…

?! 어르신?

정의로움, 고상함, 대의명분.

생쑈요,
위선일 뿐이건만

인간들은 홀랑
넘어가더란 말이지…

천하를 바른길로
이끌겠습니다(웃음)

*〈연의〉 조조, 뽑은 칼 도로
넣으며 유비에게 변명하다.
"내가 화난 척했을 뿐이오.
장료의 높은 명성은 익히 들어
알고 있소."

아주
끔찍한 사람!

…아악!!

자! 뚫린 입 있지?
편히 말해보시오ㅎㅎ

…!!!!!

찬스 줄 때
날 따르실 텐가~ 아님,

아랫것들과 뒈지실 텐가?

분하다…

저 목을 비틀어버리고 싶다!

후딱 좀 죽여주지.

왜 장난질이야… 조레기!

나한테 니 구둣발 핥으라고?
내 사람들 짓밟은!

그, 그치만

나마저 지금 죽어버리면…

이 장료 목숨은

크흐흑…!

가, 감사합니다.
조조 어르신…

대장! 누가 우릴 기억해줘요…

가만있어!

이제 어르신 겁니다…

*〈정사〉 여포 부하 장료, 부하들 이끌고 조조 밑으로 들어가다.

*〈연의〉 서주 백성들, 허도로 돌아가려는 조조 일행 둘러싸다.

허, 이것 봐라?

뭐, 뭐냐?! 썩 물럿거라!

손 치우지 못할까! 이런 천한 것들…

어흑흑! 감사합니다! 덕분에 살았습니다…

어허~ 그만! 쫓지 마라. 내 사람들이다!

하! 내 이럴 줄 알았지.

인의? 민심을 살펴? 개뿔!

백성은 다스림의 중심이나 멍청하기 그지없다.

밥만 주면 장땡이란 말씀!

*〈정사〉 조조, 한겨울에 강둑 터뜨려 하비를 물바다 만들다. 물 빠지고 여포가 항복하자 조조, 식량 풀고 좋은 사람 얼굴 하며 백성들 달래다.

내 너희를 불쌍히 여겨주마…

*使君 : 임금의 명을 받든 사신使臣을 높여 이르는 말.

제10권, 「관도대전」 3부로 이어집니다